# 张以宁传

中共古田县委宣传部
古田县张以宁文化研究会 编

郭祥回 著

中国文史出版社
CHINA CULTURAL AND HISTORICAL PRESS

**图书在版编目（CIP）数据**

张以宁传 / 郭祥回著 . -- 北京 ：中国文史出版社，
2024. 10. -- ISBN 978-7-5205-4925-7

Ⅰ. K825.6

中国国家版本馆 CIP 数据核字第 20244NN760 号

责任编辑：戴小璇

出版发行：中国文史出版社

社　　址：北京市海淀区西八里庄路 69 号院　邮编：100142

电　　话：010-81136606　81136602　81136603（发行部）

传　　真：010-81136655

印　　装：福州力人彩印有限公司

经　　销：全国新华书店

开　　本：787×1092　1 / 16

印　　张：15　字数：338 千字

版　　次：2024 年 10 月北京第 1 版

印　　次：2024 年 10 月第 1 次印刷

定　　价：68.00 元

张以宁画像

# 《张以宁传》编委会

顾　　问：张成慧　许　锋　刘振茂

主　　任：张肖枫

副 主 任：李　杰　游友基

编　　委：李　雄　余　兰　张敏熙　江　山

　　　　　吴　谨　钱本鑫

执行编委：张则建

编　　著：郭祥回

# 序

　　文化是民族生存和发展的重要力量，中华优秀传统文化已经成为中华民族的基因，植根于中国人内心，潜移默化地影响着中国人的思维方式和行为方式。历史名人文化是中华优秀传统文化的重要组成部分。历史名人事迹是爱国主义教育和价值观教育的优质资源。深入挖掘和广泛传播历史名人的事迹，对于增强文化自信，践行社会主义核心价值观都起着重要作用。

　　古田于唐开元二十九年（741年）建县，是福建建县较早的县份之一，历史名人辈出，有深厚的优秀传统文化积淀。张以宁就是其中的杰出代表。

　　张以宁，字志道，号翠屏山人，福建古田人，历任元明两朝翰林，是杰出的经学家、文学家、外交家，元明之际重要的政治人物。从立德、立功、立言的角度来看，张以宁是古代文人的杰出典范。可以毫不夸张地说，张以宁为史上古田人中最有建树的贤达廉吏之一。宣传张以宁文化，即是在弘扬中华优秀传统文化。纵观张以宁的一生，他最重要的贡献，可以概括为"五个一"："一考明正朔"，他的经学论文《春秋春王正月考》，解决了数百年来《春秋》之"春"

究竟始于何时之争论。"一说定国都",他的《钟山说》,从经济、军事、地理、历史、人文等各方面阐述分析,为明朝定都南京提供了理论依据;"一使封安南",他出使并册封安南国王,为明朝边疆稳定做出了贡献;"一诗开闽先",他的诗歌创作开元明之际闽中诗派先驱,为其后"闽中十才子"起引领示范作用;"一生扬正气",他清廉自守,明史称赞其"所居潇然,未尝营财产",朱元璋亲赐八章十首诗并序称赞,是清廉从政典范。

郭祥回先生是我的挚友。去年他与我聊起古田历史人物时,就透露正在着手撰写《张以宁传》,鉴于我对张以宁的崇敬和我俩对古田文史的共同偏好,我当即表示赞许。令我十分意外的是,他竟出手这么快。这应该是他多年积累的结果。今年7月,他把初稿交给我,让我帮忙提些意见。本人虽说对张以宁十分崇敬,但对其欠全面深入了解,真提不出多少有价值的建议。但他把费了多年心血的手稿交给我,我真的很感动,于是我当好本书第一个读者,认真拜读手稿。

《张以宁传》正文分为五部,贯穿张以宁一生经历,重点分为八个阶段:古田出生成长、宁德求学、游历四方、黄岩判官、六合县尹、滞留淮南、国子翰林任职、入明出使安南。五部各有重点:一是青少年时期勤奋向学;二是为政时期敢为善为;三是授徒淮南研学传道;四是大都任职苦撑危局;五是入明时期大展抱负。张以宁生活在元末明初政权更迭的动荡岁月,他的一生曲折复杂,经历许多矛盾冲突,主要有仕与隐的抉择、黄岩剿寇时受逼迫恐吓与金钱诱惑、六合劝农事时受豪强势力阻挠、科举滞选风波时抗争与被罢官的选择、元末党争中的站位问题、红巾军起义时期忠君之争、元明之际去向选择、分封安南时印诏授与不授、思乡与功业的冲突。作者详细描写张以宁一生的主要功业，并通过突出矛盾冲突，塑造出一个有血有肉、鲜活有力的古代文人形象。传记对张以宁学习、工作、交友情况进行阐述，涉及同时期文人多达几十人。传记还对元朝政治、经济、文化制度进行延伸分析，具体内容涉及科举、土地、赋税等相关问题，使读者能在了解张以宁生平的同时，了解学习到元代的历史状况。总的来看，《张以宁传》是一本不可多得的历史资料书籍。

一部好的传记关键是要有高度的思想性。张以宁的《经世明道集序》提到"天地元气之精英，钟于人而为文""词与理俱而无遗憾之难"。文以载道，文以化人。言之有物，读者才能开卷有益。可喜的是，《张以宁传》把阐述张以宁的思想作为重点内容，这与张以宁的生平是一致的。张以宁师承关系为朱熹—辅广—韩翼甫—陈普—韩信同—张以宁，是朱熹第五代传人。张以宁生前创作的大量诗歌、散文蕴含着深刻的"道"，包括刻苦学习、爱国爱乡、敢于担当、文化自觉、廉洁奉公、灵活处世等品德和精神，这些都值得今天的我们去大力弘扬。斯人已去，丰碑永存。先贤的脚步，虽然已经停留在他生活的时代，但先贤的精神具有恒久的穿透力。我们要从中华优秀传统文化中汲取营养，大力践行社会主义核心价值观，为中国式现代化贡献力量。

古田县政协原主席、二级巡视员、古田县慈善总会会长

刘振茂

# 目 录

第一部

少年立志

# 地灵人杰毓英才

古田建县于唐开元二十九年（741年），是福州的古老县邑之一。古田旧城城郊翠屏山下有座历史悠久的亭子，人称翠屏亭。此亭东邻紫桥，西与北溪北岸龙源堂、北坛殿相望，南距古田县城一保一华里，北去旸谷（羊角）七华里。亭子面积三十多平方米。此处风景独秀，是旸谷等村通往古田县城的必经之路。七百多年前，这里诞生了古田历史文化界的杰出人物——在经学、外交、文学上均取得突出成就的两朝翰林张以宁。宋濂称赞其文："诚可为一代之奇作""绚烂若星斗，流峙如河岳"。朱元璋称赞其外交表现："抱忠贞之气、奋守节之刚，使之善者，以宁也"，钦赐八章十首诗并序。《四库全书》总编纪昀称赞其经学成就："决数百载之疑案。"后人为纪念张以宁，在他出生地建设了一座凉亭，因张以宁自号"翠屏山人"，众人称亭子为"翠屏亭"（又称亲家亭）。

元成宗大德五年（1301年）四月十五日，天气温暖，鸟语花香，草长莺飞，万物复苏，正是一年里的大好时节，一名叫陈道真的妇人走在古田城郊的道路上。她身穿浅蓝色的衣服，挎着包袱，在母亲和嫂嫂陪同下从旸谷回东塔。一路上，春花遍野开放，花丛中蜂飞蝶舞，河水潺潺，美景令人赏心悦目。她想起前几天夜里梦见小马在房间奔跑，醒来心想，这是好兆头，应该回娘家告诉母亲。到了娘家，将梦中情况一五一十告诉母亲，母亲高兴地对女儿说：你放心！这是吉利的好梦，小马奔跑，预示孩儿将来骑马外出当官。随后，母亲专程到妇幼保护神——临水娘娘庙烧香祈福。

神庙所在地临川，县城东去三十里，肇迹于唐，宋理宗时赐予"顺懿夫人"庙号。从南宋起多次受到皇帝册封。神姓陈，名靖姑，生于唐大历年间，师从道教闾山许真君门下，生前致力治病救人、救产护胎。母亲敬香完，在神像前说道："娘娘啊，您的法力无边，我们都是在您护佑下长大，我女儿道真即将临产，祈求娘娘把我家将要出生的婴儿收为义子，保佑母子平安。"母亲在神像前请回白花和小红鞋交给道真，放在房中保佑平安。

道真的丈夫张一清，出生并成长于东塔村。古代东塔村隶属古田县建东乡保安里十四都，毗邻溪山书院，与翠屏山隔河相望，乔木葱茏，山清水秀。北宋年间，张氏入闽始祖张睦六世孙敏道，由侯官县磕源东渎（今福州马尾快安）迁入古邑东塔（塔下）村开基拓土，繁衍生息，人才辈出。张一清先娶妇人廖氏，生下三个儿子：张颐、张兴、张埜。廖氏去世后，一清又续娶旸谷郑家七世祖仲铧之女道真。道真乃名门望族之女，知书达理，温良恭俭，孝老爱亲，和睦邻里，与婆婆道慈一起倾力操持张家一门。因东塔与旸谷相距不远，道真常回娘家看望父母，嘘寒问暖。

道真在娘家过了两天，夜晚，她又梦见一个小男孩，手擎荷叶，向月而拜。四月十五日，是母亲选定回夫家的大好日子，一大早，道真在母亲和嫂嫂陪同下，带上母亲为自己准备好的临盆待产所需用品，踏上返回东塔夫家的路程。行走半个多时辰，到了翠屏山下，道真突感下腹阵阵疼痛袭来，脸色苍白，大汗淋漓。道真母亲见此情景，知是女儿即将临盆，安慰女儿保持镇定，选择比较干净的地方，在地面上铺上干净床单，让女儿平卧，帮助减轻产妇阵痛。同时吩咐在旁的儿媳速往古田县城一保请接生婆。还未等接生婆到来，"哇"的一声，响彻山谷，一个男婴在翠屏山下诞生。道真生下男孩，给全家带来无尽的欢乐，乡亲闻听道真梦里的情景后，感到惊异，"莫非是神灵投胎？"纷纷奔走相告，大家都认为道真生了个贵子，将来定会干出一番大事。孩子出生后，该叫什么名呢？家人七嘴八舌意见不一。博学多才的一清想起当年父亲给自己取的名字出自《道德经》第三十九章："天得一以清，地得一以宁"，意思是天得到"道"而清明，地得到"道"而宁静。何不给新生儿取名"以宁"？姓名的事，于是就这么定了。自此后，道真回旸谷娘家都带着以宁。旸谷是以宁孩提时的乐园，那里有慈祥的外婆，还有一大帮表兄弟玩伴。去稻田里挖泥鳅，去小溪里捞鱼，去山上采野果，去别人家地里偷挖地瓜成为伙伴们的娱乐项目。有时伙伴们也会偷喝大人们酿就的红曲酒，喝得小脸红彤彤的。有几次，因抵不住那芳香的味道，喝多了酒，就留宿在外婆家。多年以后，以宁看到吴江的红酒感叹道："吴江红酒红如霞，忆着故园桃正花。羊角山前几回醉，女婴嗔汝未还家。"

古田又称玉田。古代地理志借用星象定位古田为南方牵牛星和织女星交界地带，属武夷山余脉。古田县城，在一条称为剑溪的河岸两边分布。之所以被称为剑溪，是因为流经县城的这一段笔直得像一把宝剑。剑溪是由北部流入北溪和由东部而来的东溪汇合而成。宋代古田县县令李堪《玉田八景》描写了玉田大地之美。

## 玉田八景·剑溪渔唱（节选）

［宋代］李　堪

水过云津势渐平，双溪汇作剑溪清。

渔舟来往无人见，隔竹时闻欸乃声。

张以宁的家位于北溪和东溪的汇合处，一处被称为东塔的溪岸。小时候的张以宁和同伴在溪边嬉戏、游泳，留下无尽的欢声笑语，"闽关之水来陇头，排山下与闽溪流""梦中长记关山路，陇水潺湲似人语"，外出为官或授徒，离开家乡几十年，家乡的山水不时出现在他的眼前、梦中，他用大量的乡情诗叙述着思乡之情。

晋唐以来，中原汉人大量南移，特别是五代十国时期王审知入闽，闽地融入中原文明的进程大大加快，呈现出中原文明南播的盛况。古田于唐开元二十九年建县，在宋为望县，福州辖十二县，古田序四。因显著的战略地位，在元朝为福建省四十六县中唯一的望县。古田历史上出过不少名人，拓主刘疆，献地朝廷，奏请封县，开启了融入中原文明的先河，儒家礼仪、耕读文化等逐渐为当地人民所接受。刘疆建县有功，被封为城隍。

古田地处闽中要地，为福州北上主要水陆通道，在经济军事上占有独特的战略地位，同时在文化交流上也享有独到优势。南来北往的官员、文人在此驻足，乃至定居，促进了文化繁荣。众所周知，福建大多数县是从范仲淹主持的庆历新政后才普遍兴办教育。对比兄弟县，古田兴办教育较早。早在北宋初年，李堪到任古田，毁淫祠、拆佛宫、办学堂，弦歌雅诵使儒家思想得到传播，地方风气为之一新。南宋时，朱子理学兴盛，古田出现一大批追随者，比如林用中、林允中、余偶、林夔孙、蒋康国、林好古等，其中最具有代表性的人物是林用中。林用中，字择之，古田人，常伴随朱熹外出讲学、游玩，曾与朱熹往岳麓书院拜访张栻，道中咏唱诗汇编为《南岳唱酬集》，朱熹称林用中为"畏友"。家乡古田剑溪边有一座溪山书院，建于宋淳化二年（991年）。林用中在旁建欣木亭和草堂，长期在此讲学传经，并邀请朱熹前来讲学。

## 题林择之欣木亭

［宋代］朱　熹

危亭俯清川，登览自晨暮。

佳哉阳春节，看此隔溪树。

连林争秀发，生意各呈露。

大化本无言，此心谁与晤。

真欢水菽外，一笑和乐孺。

聊复共徜徉，殊形乃同趣。

古田还有朱熹讲学过的蓝田书院、螺峰书院、魁龙书院、浣溪书院、东华精舍、兴贤斋、西斋、谈书堂等。朱熹为这些书院题写了匾额。朱熹应林用中邀请，为溪山书院题写"溪山第一"的匾额，乡人将其镌刻在书院的大门上。民间有朱子"一日教九斋"的说法。朱子在古田的学生众多，他在《东斋记》里骄傲地提及："东有余李、西有王魏。"这些书院为推动古田文化兴盛和文化人才的培养，发挥了不可磨灭的贡献。

蒙元入主中原，采取抑制汉族政策，将百姓分为蒙古、色目、汉人、南方汉人四个等级，民族压迫和剥削极其严重，使大量人口流失、田地荒芜。古田西南三十余里，有五华山，元兵入闽，邑境人民多入山避难。元兵追踪而来，一次就掳走几百人。文化上，儒学未受到足够重视，仅与道、释同列为三术之一，但仍得以传承发展。元太祖忽必烈主政以后，为缓和民族矛盾，受汉族大儒的影响，逐步采取尊儒术、奖农耕的一系列措施，如禁止掳掠人口为"驱口"，禁止人口交易；开展儒户登记，减赋税、免科役，建学校等。在官方鼓励下，世家大族捐资建学堂、送子弟上学校、设立学田助学等蔚然成风。在古田各界齐心协力下，元贞元年（1294 年），在黄华起义中被烧毁十多年的县学得以重建。在古田这片深厚的文化土壤中，张以宁得以顺利成才。

张以宁出身于书香门第。张氏入闽始祖为张睦，世居河南光州固始，唐末随王审知起义军入闽，王审知授其领榷货务。六世祖敏道由侯官县迁至古田东塔村，十世传至张疆、张留孙。张以宁的伯祖父张疆出生于宋庆元六年（1200 年），从小立志向学，因学业成绩优秀，受推荐进入国子学。淳祐七年（1247 年）中进士，官至国子监书库官，以刚正清廉著称，性慷慨，好议论国家大事，以风节著名，不畏权贵，弹劾罢免权臣史嵩之、丁大全，自己几次险被诬告下狱，依靠理宗得以保全。张以宁的祖父张留孙、父亲张一清在乡里都是以爱读书出名的秀才，家中藏书丰富远近闻名。他们还广泛交游，眼界开阔。张疆在杭州为官，他的勤奋学习、清正为人的风格成为家乡人的骄傲和典范。张留孙与张疆保持着密切的书信联系，偶尔还上京都杭州面见张疆。东塔的张氏在张疆的影响下，把读书学习、为国效力当作自觉追求的方向。唐宋以来，古田在闽为望县，经济文化处于领先地位。继朱熹来古田讲学之后，许多大儒都先后到访古田，受邀在书院讲学、开展交流，其中宁德的陈普、韩信同师徒经常到访古田。一清与韩信同成了好友。

张以宁的祖父张留孙早逝，祖母赖道慈一心抚孤，终身未改嫁，含辛茹苦把一清抚养长大，并供其读书。张以宁的母亲陈道真嫁入张家后，对一清前妻所生三个孩子视如己出，并孝敬长辈，在婆婆中风后，悉心照顾十多年。道真重视早教，从以宁牙牙学语开始，亲自教其读书识字。冬天，为让以宁不受严寒影响，道真夜晚预留火种，每到四更天，就开始点灯燃火，呼唤以宁起床读书，自己坐在旁边陪读。天刚亮，又送以宁到学堂才放心返回。道真既要抚养孩子，又要照顾年迈的婆婆道慈。道慈晚年得了中风，瘫痪在床，且又身体肥胖，需要道真和佣人两人伺候，如此照顾了十多年，直至道慈去世。

从小起，祖母、父母经常给张以宁讲述伯祖父张疆在外为官的故事。张以宁暗暗下定决心，要努力读书，长大后当个能为百姓办事的好官。他学习刻苦，十岁出头，每天要阅读十三篇书卷，整理笔记三页纸。严冬时节，每到四更天，就开始点灯读书，顷刻间都能默记。以宁看书入迷时竟忘了吃饭。通过勤奋苦读，成了远近闻名的小神童。六岁时能日诵千言，在寺院游玩，遇僧人试学，出口成诗，受众口夸赞。八岁时，他的伯父被诬下狱，以宁愤愤不平，勇闯县衙申诉，县令惊讶其言辞在理，出语清新，要求当庭作诗，以宁即赋"琴堂"诗一首，伯父因而得免系狱。

张以宁家族以诗礼传家，家族中有祖上专门留下的"灯油田"，田租收入专门用于支持家族子弟读书。来自县衙的鼓励也让张家进一步增强业儒的信心。忽必烈主政后，大力推行儒术，要求地方兴办学校、举荐贤才。汶上人、县令王奂重视儒学教育，四方奔走筹集资金、修复学校，并推行一系列鼓励读书政策。张家世代业儒，官府将他家定为儒户，免于科役、减免财税，一清还享受到县学讲课的补助金。张以宁家境贫苦，却矢志不渝。无论是其伯祖父、祖父、父亲，还是祖母、母亲都给予以宁良好的言传身教。元延祐二年（1315年），张以宁十五岁，受父亲一清指派，往宁德理学名士韩信同处求学。

# 理学名士引路人

正当青春奋发、学业大进之时，张以宁迎来了元代儒家文化复兴的最好时期。元仁宗孛儿只斤·爱育黎拔力八达于元至大四年（1311 年）继位，为元朝第四任皇帝。在位期间，他大力推行"以儒治国"，复兴元朝。皇庆二年（1313 年）农历十月，仁宗要求中书省议行科举，十一月元朝廷出台政策，恢复科举。延祐元年（1314 年）举行乡试，录取三百人。延祐二年（1315 年）在大都举行会试，中选一百人，三月初七举行殿试，五十六人及第。福建浦城人杨载、莆田人郑南吉、林重器名列其中。

张以宁的父亲张一清喜欢读书，交游广泛，关心时事，他心里清楚是时候让孩子接受全面系统的儒家文化教育了。于是他下定决心，要为张以宁找一位名师。很自然地，他想起好友韩信同①。其先祖为固始人，徙居福建古田集云山之南面。其父集云公入赘宁德蓝岫俞家。兄弟三人，信同居中。因对古田感情深厚，集云公将信同取姓为古田家族的韩姓，并以"古遗"为号，意指信同乃古田血

---

① 韩信同（1251—1332），字伯循，号古遗，又号中村，宁德五都中村涵关人。

脉。信同幼颖异敏悟，年龄稍长时在文赋辞章上功底好，特别是精通骈俪文章，以擅长写作闻名乡里。集云公临终前，指着信同说："古田韩家人丁单薄，今后光耀韩家就靠你了。"父兄先后谢世，担负养育兄弟后代之责。韩信同对古田有特殊的感情，身在宁德，但以古田人自居，经常往返于宁德与古田间，走亲访友，交流问学，与古田当地文士有很深的情谊。张以宁的父亲张一清即是其中之一。

信同勤学好问、虚心求学。元初，理学大师陈普讲学于石堂山，信同与友杨琬、黄裳等受业于其门。陈普 ① 曾受聘主讲于建阳云庄书院、江西德兴初庵书院，至大四年（1311 年）主讲于莆田芴轩庄书院。陈普师学渊源来自浙东韩翼甫，韩翼甫师从朱子弟子辅广。陈普学识广博，在精通"四书"、"六经"及程朱性命义理之学的同时，对声律、天文、地理、算术等也有精湛的研究，所铸刻的漏壶是世界最早钟表之雏形，精确度高，直到清初都被放在福州鼓楼，起着计时作用，清初之后下落不明。陈普经常深入民间，务求真知，对古田民情民风有深入了解，著有《古田女》（节选）：一日来古田，拔秧适初夏。青裙半绞扎，水泥和拨迓。

在陈普指导下，信同对宋代濂、洛、关、闽诸典籍莫不搜览殆尽，悉心探究，并重新整理编辑诸家经典著作。曾刊刻《落华藻》，"贯穿周、程、张、朱之说"，该书在阐述理学义旨方面条分缕析，深入浅出，简明易晓，向为初学者所珍视。他还对许多古籍重加诠

---

① 陈普（1244—1315），字尚德，号惧斋，世称石堂先生，生于宁德二十都石堂（今属虎坝乡文峰村），是南宋著名的理学家。

释和考订。由于他学识渊博，能深思熟虑，所论不乏创见，且能矫正前人讹误，后人称其"发明礼学，典核得要"，皆"援据明通，为有元一代所寡有"。信同学习朱子理学，深得陈普赏识。陈普深为欣慰地说："吾老矣，得斯人饮水俟命，复何憾哉？"

信同学成后先是办学乡邑，后就教建阳云庄书院。当时未行科举，信同预料朝廷恢复科举必重视朱子理学，教诲诸生："文公'四书'，天心所在也。"此为事实所验证，诸生始信服。延祐四年（1317年），信同应江浙乡举，因见解与有司不同而落选，返乡后即杜门不出，专心在五都南山设馆授徒。他这时已声名远播，四方求学拜师书信纷至沓来。延祐庚申（1320年）兀律思礼请设教于三山。邑令杨侯慕名继聘处置学宫。他以师道自任，训诂艺徒，从学者益众，著名者有三山林文珙领天历己巳举人，张以宁泰定丁卯得中进士。

从十五岁起张以宁受命，求学于韩信同。张以宁在书院旦夕向学，勤奋苦读。书院学习内容主要为"四书""五经"、朱子理学，兼学兵学、艺术、天文、地理等。以自学为主，辅以师生问答、同学辨析。在老师韩信同的指导和影响下，张以宁在学习中以经术为本，以文学为辅，崇礼不尚浮靡，以求真知，实践之。学习次序上，先精"四书"，其次"五经"，再次于史。熟读理学重要典籍，每字求其义，每句了解其情况。执意理学正宗，不为他说所惑。一字之差，一义之疑，反复钻研，务求阐述先儒所未说过的理。在韩信同的主持下，书院还邀请名儒硕士前来讲学辩经。张以宁到书院学习时，师祖陈普在莆田云庄书院任山长。因陈普的学生众多，同时凭借着韩信同自身学术地位及其影响力，浙东、闽北、三山等地学者纷至沓来讲学交流。在书院里，张以宁是最善于发问的学生，热心研究时政、探究实务，"必真知实践，求无愧于古圣贤"。他孜孜不倦地学习，而在生活上极其俭朴。一次，张以宁与老师韩信同聊到古田先贤林用中的故事。其中有一则是林用中请求老师朱子帮助改名字的故事。故事大概为林用中认为自己名字里带着"中"不妥，理由是"中"的理念只有曾参、子思等贤人才能做到。林用中请求朱子帮助改名。朱子认为，"中"并非指既有状态，而是向"中"努力的态度，"我欲仁，斯仁至矣""人人皆可成圣贤"，因此取名"中"并无不妥。朱子还认为实现"中"的过程很难，要精心选择目标、意志坚定、不受困扰，因而给林用中取字"择之"。两人聊到此，张以宁借此机会向老师韩信同表达"以宁"之名含义不够进取，请老师帮助另取一名。老师韩信同告诉以宁"宁静可以致远"实有深意，不必改名，可另取一字。说到此，老师韩信同略加思索，他想起以宁自进入书院以来，在学习上孜孜不倦地钻研，在生活上吃穿用度都极为勤俭朴素。这些事看在他眼里，认为以宁像古代贤人颜回一般"忧道不就贫"。于是建议以宁取字为"志道"，以宁深表感谢。后来的事实证明，老师的愿望果然没有落空。以宁走上仕途，能坚守清廉本色，践行中华文化"道"的精神，实现兼济天下之志。

学习之余，他还深入民间访察国情民情，发现问题，思考解决之道，这是深受韩信同影响和教育的结果。韩信同经常带领学生深入宁德、福州、古田等地体察民情，了解风物习俗，韩信同撰写的古田景物诗《翠屏霁雪》，至今仍在当地百姓中间流传。在老师韩信同的组织下，张以宁与黄泽、韩暇、林鹤山等同学经常深入三都等岛屿，了解民情民意，向渔民学习海洋水文知识，寻访古战场，进行兵法推演。张以宁还学会了驾船、骑马等。这为多年后在黄岩组织捕盗打下了良好基础。老师韩信同对张以宁的影响是巨大的，特别是在倡导爱国精神、宣传英雄人物上。

## 岳王墓

### 韩信同

妖星躔地芒角赤，龙剑悲吼风萧瑟。

中原王气挽不回，将军一死鸿毛掷。

秦空小儿真戏剧，播弄造化摇枢极。

指雌为亲忠且逆，双手上遮天眼碧。

九重茫茫隔天日，无由下烛臣愚直。

臣愚万死不足惜，国耻未湔独愤激。

古坟埋冤血空沥，西风年年土花蚀。

我恐精忠埋不得，白日英魂土中泣。

请将衰骨断苔痕，献作吾皇补天石。

多年之后，在张以宁坐事免官、庚辰（1340 年）南归之时，专门拜谒辛弃疾墓地，想起辛弃疾怀才不遇、壮志难酬时，联想起自己因敢于直言、反对科举滞选，而落得无官可做、空有满腔兼济天

下之志，一种报国无门的悲愤涌上心头，泪流满面地创作了一首爱
国诗。

## 过辛稼轩神道

张以宁

长啸秋云白石阴，太行天党气萧森。

英雄已尽中原泪，臣主元无北伐心。

岁晚阴符仙蠹化，夜寒雄剑老龙吟。

青山万折东流去，春暮鹃啼宰树林。

# 交游四方长学问

延祐六年（1319 年）张以宁学成回到古田后，县尹陈均来访。陈均早就听闻张以宁的才名，一直想当面见见这位众人口中的才子。听说陈均来访，一清赶紧拉上以宁往门口迎接。出乎张家父子意料的是，陈均仅单身一人徒步前来。以宁想起以前见过的县令，都是坐着轿子，仆从前呼后拥，威风凛凛。两相对比，以宁对县令陈均顿生好感。两人甫一见面，即开始了长谈。刚开始时，陈均认为以宁无非是好学上进的一介儒生罢了，两人主要就《春秋》经义等学习内容展开交流。随着谈话的深入，陈均欣喜地发现眼前的儒生不仅知识渊博，而且关心时事、务实通达，两人谈话的主题逐渐转入时政得失话题。这次长谈过后，陈均与张以宁成为忘年交，常有来往交流。陈均在古田任职期间推广蚕桑，修桥铺路，重视民生。组织建成跨越古田剑溪的六保桥，方便城郊六保的人员和物资进出县城，促进六保农田耕种。陈均还经常在桥上开展劝农活动，听取百姓在耕种过程中面临的困难，帮助解决问题，时间一长，众人习惯称呼此桥为"劝农桥"。陈均还大力兴办教育，带头捐俸修葺县学，经常深入学校督学。在陈均的推动下，古田教育一改元初以来萎靡不振的境况，出现久违的民众争送子弟上学校的文化兴盛局面。随着时间的推移，张以宁对陈均的了解更加深入，打心眼里敬佩这位古田百姓心目中的好县令。

张以宁回乡后，很快成为古田文化圈的中心人物，不论年长的、年少的，文人或是官员、方外人士等都来与他交流学问。古田县学诸同学、县令陈均、处士陈遂、五华山道观刘道龄道长、极乐寺住持等都是他家的常客。在学习儒家经典时，他同时开始关注释、道二家，还给自己起了个"发僧"的佛号。他非常赞同孔明提出的"博学之，慎思之，明辨之，笃行之"，自觉以之为座右铭，对儒释道三家学说能本着在生活中"实践之"的态度去学习、思考、运用。他还常到城隍庙和顺懿庙去。城隍庙供奉着古田拓主刘疆。刘疆对于献土建县、使古田融入中原礼教文明，功劳巨大。顺懿庙祀奉救死扶伤、助产佑童的陈靖姑。这些神祇是古田民众经常祭拜的。看见民众虔诚膜拜的景象，张以宁想到：靖姑御灾捍患，于民生有德岂浅浅哉？立志长大后，应练好本领，造福社会，兼济天下。

他还常受邀到县学讲课交流。县学在县城一保大街，离张以宁家不远，始建于北宋初年，到元朝建立时历经多次修葺。至元二十年（1283 年）黄华起义时期，县学被烧毁。元贞元年（1295 年）得以重建完成。这时期，他除了继续学习"四书"、"六经"等儒家经典之外，还遍访闽中各地，乃至浙江、江西等邻省，访察民情，交结四方人士。老师韩信同先后在建阳云庄书院、福州郡学任教，朋友、弟子众多。一日，张以宁在福州见到老师韩信同，老师交给他一封推荐信，要求张以宁前往杭州拜见翰林学士袁桷，求教学习之道。袁桷当时主持江南考试院，对科举之道有深入了解。张以宁按照老师的指示，前往杭州求教袁桷。袁桷对经书释义、考试重点方向、方法技艺等的传授，让张以宁收获很大。同时，在韩信同的影响下，张以宁认为士人不应该止步于学习科举考试科目，不能把科举作为唯一的出路，而应进一步学习"修身齐家治国平天下"的能力和本领。读万卷书、行万里路，才是经世致用的不二法门。这时期的张以宁已从一名书生迅速蜕变成长为可堪任用的治世良才。

福州是张以宁的第二个家乡。由于韩信同在省城担任府学教授，他经常前往福州。福州名胜古迹众多，青年以宁无数次在三山两塔前流连忘返。令他欣喜的是，闽都福州聚集了大量青年才俊。他们经常于此聚会讲论，闽北、闽中、闽南等各地各家学说交流碰撞，以宁参与其中，增长了知识，开阔了视野，受益颇多。在此期间，他结识了在闽的众多文人，如蒋易、陈德初、林泉生、陈众仲、林以顺、杜本、黄镇成等，共同探讨学问，增进了情谊。其中不少人日后都成为公认的文学大家。陈琏在《翠屏集》中记载："闽中近代诸儒多以文章知名，惟国子监丞陈公众仲、翰林直学士林公清源与国子祭酒张先生志道其尤著者。"

林泉生 ① 与张以宁于泰定三年（1326 年）一同参加杭州乡试，但中进士时间比张以宁晚三年，即至顺元年（1330 年）中进士。授

---

① 林泉生，字清源，号谦牧斋，晚号觉轩。福州永福人。

福清州同知、转泉州经历，官至翰林直学士，知制诰，同修国史，卒谥文敏。从小"精敏好学，强记绝伦"，为文雄健雅肆，诗豪宕遒逸，精研《春秋》；为政刚直有奇谋，对付境内海盗，"以计悉擒殄之，声誉日起"。著有《春秋论断》《觉是集》《元诗选》传世。

陈旅[①]笃志于学，被荐为闽海儒学官。中丞马祖常欣赏他的才能，在京师经常来往。后与虞集相识，被聘为幕府参谋。赵世延举荐他为国子助教。后又任应奉翰林文学。至正元年（1341年）升任国子监丞，在任上去世。陈旅文风典雅清新，不迎合世俗。他作品有《安雅堂集》十三卷，载《四库总目》。

张以宁与这些同时代的闽地文人名士，经常保持联系，或结社聚会，或书信往来，为闽中诗派的形成奠定了良好基础。特别值得一提的是，张以宁还为陈德初的儿子陈汉臣作了文集序，蒋易、蓝智等人为张以宁留下了诗歌创作。

正值青春大好时期的张以宁，交游学习的同时，业余生活同样是丰富多彩、充满情趣的。在他的笔下，家乡的亲人和朋友是充满友爱的。他在《子烜买红酒》中写道："吴江红酒红如霞，忆着故园桃正花。羊角山前几回醉，女婆嗔汝未还家。"羊角村是他外婆家所在地，那里的小舅以及一大帮表兄弟都是他儿时最好的玩伴。他走遍家乡的山山水水，欣赏美不胜收的家乡美景，深入了解家乡的历史人文。他在游览过家乡的五华山后，发出赞叹："平生酷恨

---

① 陈旅（1288—1343），字众仲，莆田人。

李太白，不到闽山独欠诗。"五华山，距古田县城西南三十余里，闽中胜迹，五峰连峙，峭拔千丈，也称千山，"玉田八景"之一，谓之"华顶秋霞"。山在高峰中，如鹤立鸡群，挺拔峻峭，俯视百里，其间群崖众壑，若波涛汹涌拱其下，五华独居尊位。山上景致四季不同，当秋晴景明之时，山顶丹叶与天边彤霞相映。五华山是道教名山，世人传言有仙人居此。张以宁从小耳濡目染，听过不少五华山的传说故事。其中一则是仙童传说：宋末元兵南掠，有许多民众在山中躲避。一赤足青衣小孩倒骑牛背前来，告知元兵将至，要大家分散离开，众人不信，其中一人呵斥："无知小孩，在此胡说什么。"随之，小孩即消失不见。过两天，元兵果至，大量民众被掳北上。民众此时才惊觉，之前遇上的小孩是神仙。北宋时期李堪《玉田八景其四华顶秋容》：何处栖真远世纷，五华高顶绝人氛。仙翁自有餐霞法，谩使人间望彩云。张以宁的《登大佛岭雨中云在其下》描写出了五华山的美。

> 大佛岭尽小石来，黑崖削铁悬崔嵬。
>
> 泉翻松根六月雪，雨老石路千年苔。
>
> 我行忽落青天外，白云四望茫如海。
>
> 黛痕三点见蓬莱，明星玉女遥相待。
>
> 九华天姥省见之，人间有山无此奇。
>
> 平生酷恨李太白，不到闽山独欠诗。

爬完五华山大佛岭，来到小石岭，这里黑黑的石崖像削铁般险峻高悬。泉水翻卷着松根，白色浪花翻滚形似六月雪。石板路被雨淋湿，表面就像附着千年的苔藓。行走在路上，脚下白云茫茫如海，仿佛到了天外世界。隐约看见三座山的影子，那应该是蓬莱山吧，神仙玉女在那里远远等着呢。九华天母如见到五华山，会赞叹人间没有比此山更奇异的了。这辈子最恨李太白不来闽地，如果他来了，看到如此美景，一定会为五华山写一首赞美诗。

元初道教盛行，众多女性取名带"道"字。张以宁祖母名道慈，母亲名道真，与当时众多家庭一样，张家执迷于信奉道教。张以宁少年时即对道教有较浓的兴趣，经常向五华山道观住持刘道龄学习老氏之学。延祐七年（1320年），五华山栖真道观发生一件大事。这事得从多年前说起，刘道龄本是邻近五华山村人，后在山上建草庐结庵，一鸡一犬，草衣野食，潜心修炼，不辞辛劳造访均州福地，登武当山，拜谒玄帝宫，参究武当真师秘诀，遂奉香火还五华供养。忽一日，刘道龄向众人言，他将在两周后的黄道吉日，辞世归天。众人按照他的愿望，挖好墓冢，堆积柴薪于旁。古田当地信众听说了这事，上千人自发在约定的日子上五华山送行。张以宁听说了这件事，跟着众人上得山来。

那是延祐七年庚申（1320年）六月的一天，本来烈日当空，天忽然起了微雨，只见刘道龄微笑端坐积薪之上，向众人频频挥手告别。不一会儿，他点起火，火越烧越大，火光中人影渐渐不见。众人惊叹，真非常人呢！

这样的场面，让张以宁充满敬畏，深感信仰的幽深力量。知之深、信之笃，促成了刘道龄的这一选择。从此，张以宁开启了儒释道融合研究的历程，一代儒学大师的种子逐渐开始萌发。

这时期他也迎来了美好的爱情。元延祐七年（1320 年），张以宁迎娶大名宋氏姑娘，并于第二年有了第一个孩子：烜。宋氏姑娘祖父来自大名府，担任元军中下级幕僚，随元军入闽，其父也在驻古田的元军中任职。军人出身的父亲对女儿管教甚为粗犷，大凡男性能参与的活动，宋氏姑娘也都不受限制地参与。宋氏姑娘爱读书，爱登山，能文能武，张以宁在参加诗会、户外郊游时，经常看见宋氏姑娘夹杂在一堆男孩中说说笑笑。而在宋氏姑娘眼里，张以宁一米八的高大个头，英武豪气，充满朝气，有一种强大的吸引力。两人经常相约到射艺场一起练习骑马射箭。渐渐地，两人由友情发展至爱情，一切都是那么水到渠成。

# 进士及第上青云

元泰定三年丙寅（1326 年），张以宁赴杭州参加乡试。在返回途中，张以宁意气风发，同宁德黄泽、韩暇、林鹤山一起登武夷山幔亭峰游玩。张以宁与黄泽等四人同出于老师韩信同之门，早就相识相知。四人此次又一起参加乡试，甚感难得。登上山顶，尽情饱览武夷山美景。放眼望去，四周丹崖鹤立，满目青翠，溪流蜿蜒，美如画卷。自古以来，此地就是道家的重要道场，许多著名道人在此修炼。四人游兴正浓，青春年少，对未来满怀期待，赋诗纪念。

不久，乡试结果张榜公布，邵武人黄清老得乡试第一名，张以宁中举。张以宁乡试答卷得到主考官袁桶赏识。第二年，即元泰定四年（1327 年），张以宁到大都参加进士考试。考试竞争激烈，人才云集。三月初七开考，会试读卷官虞集，监试官、治书侍御史王士熙，殿试读卷官马祖常、贡奎。蒙古人、色目人作一榜，即右榜。汉人、南人作一榜，即左榜。

等待发榜的日子相当漫长而且令人煎熬。二十多年寒窗苦读，通过科举考试走上仕途的机会非常难得，张以宁在考试前暗自下定决心，一定要放手一搏。但是他心里也知道，自己是这么想的，同科考试的其他学子未尝不是这么想的。但是毕竟进士名额有限，能够取得成功的人不多。回想参加考试之前，以宁从来不认为唯科举至上、舍此无他途。相反，他认为士人当以天下为己任，毕生致力于"立德、立功、立言"。他认识很多隐居于民间的士人，他们一辈子不求当官，从事民间文化事业。他的师祖陈普即是一个典型。他曾经发下誓言，绝不仕元，一辈子在书院以教书授徒为业。后来在母亲的劝说下，态度才得以改变。张以宁对待科举的务实理性态度，感染了众多考友。他与考友聚会、交流、诗词唱和，互相勉励。针对个别人存在的焦虑情绪，他努力安抚，引导理性面对科举结果，至今还留下了一首珍贵的劝慰诗。

### 丁卯会试院中次诸友韵其一

欲向青云易白衫，区区别却旧灯龛。

方知取贵凭文字，可信封侯只笑谈。

直拟横空轻似鹗，莫为作茧老如蚕。

不知鏖战三千士，他日何人步斗南。

他在诗中说道：同学们啊，我们历经多年苦读，都希望告别清冷的孤灯，走上从政为官之路。这次考试给了我们以文才登显贵的机会，将来的封侯也真切地摆在面前，不再是一场笑谈。男子汉大丈夫就应该志在天下，大展才干，怎么能够作茧自缚呢？但是大家也都看到了，本次科举人才济济，究竟谁能最后金榜题名，实不可知，大家一定要以良好的心态予以对待。

八月十二日开榜，右榜第一人阿察赤，左榜第一人李黼，共有86 人及第，现可查证者，共 79 名，右榜 21 名，左榜 58 名。福建中进士的有两人：张以宁与黄清老。具体过程座师欧阳玄与参试同年萨都剌有诗。

《泰定丁卯八月十二日崇天门传胪赐进士右榜第一人阿察赤左榜第一人李黼皆肄业国学日新斋余西厅授业生也是日京尹备鼓乐旗帜麾盖甚都导二状元入学谢师拜余明伦堂榜眼刘思诚探花郎徐容尝因同年黄晋卿彭幼元从予游亦拜其侧其余进士以门生礼来拜谢杂还不记姓名上万人等候在国子学门外争睹为快都人以为斯文盛事昔未有也同寅举酒相属偶成四绝以纪其事（录二）》。

## 其 一

［元］欧阳玄

禁院层层桃李开，天街绣毂转晴雷。

银袍飞盏人争看，两两龙头入学来。

## 其 二

［元］欧阳玄

淡墨题名二十年，一官独自拥寒毡。

居然国子先生馆，三五魁躔拜座前。

前一首写拜师盛况，后一首写受拜感触。发榜当日，京尹备鼓乐及旗帜麾盖，引导二状元入国子学谢师。右榜状元阿察赤、左榜状元李黼都是欧阳玄学生。状元、榜眼、探花及以宁等一众进士以门生礼入拜欧阳玄于明伦堂，圜桥门而观者数以万计，京城百姓以前未有见过如此斯文盛事。

## 丁卯及第谢恩奉天门

[元] 萨都剌

禁柳青青白玉桥，无端春色上宫袍。

卿云五彩中天见，圣泽千年此日遭。

虎榜姓名书彩纸，羽林冠盖竖旌旄。

朝回龙尾频回首，玉漏花深紫殿高。

## 赐恩荣宴

[元] 萨都剌

内侍传宣下玉京，四方多士被恩荣。

宫花压帽金牌重，舞妓当筵翠袖轻。

银瓮春分官寺酒，玉杯香赐御厨羹。

小臣涓滴皆君赐，惟有丹心答圣明。

萨都剌的诗歌描绘了进士发榜时的盛大场面。八月的大都，阳光亮眼，宫门出口的白玉桥边，万人围观。在羽林军护卫下，新科进士 86 人，在左右榜状元李黼、阿察赤带领下，排列成两个纵队，精神抖擞地出现在众人面前。一时鼓乐齐鸣，鞭炮大作，进士穿着官袍开始巡游皇城。他们戴着官帽，帽沿上压着礼花，清一色的进士袍在阳光下闪着金光。进士袍，汉人称"一色衣"或"质孙服"，上衣连下裳，上紧下短，并在腰间加襞积，肩背挂大珠，衣领俱右衽。几十年寒窗苦读，今朝梦想成真，进士们脸上都笑开了花。京城百姓争相围睹进士巡城的盛景。随后，进士集体受皇帝召见，喝御酒、吃御菜、观看宫廷舞蹈，朝廷恩遇无以复加，新科进士欣喜与感恩的心情跃然纸上，从此下定决心要效忠朝廷、仁爱百姓。

未过几天，朝廷通知新科进士到吏部报到，接受任命。张以宁被任命为浙江黄岩州判官一职。在动身回家乡之前，张以宁抓紧时间拜见福建、浙江在大都的京官。浙东东原王继学时在中书省担任要职，张以宁与胡允文、杨维桢、赵彦直上门拜见请教。王继学虽位居高位，但对家乡来的后辈晚生爱惜有加，张以宁是古田人，也在江浙行省范围，王继学也以同乡看待。

胡古愚，时任王继学幕僚，与张以宁交往甚密，成为朋友，后又进入翰林院工作，为张以宁提供了不少帮助。

1327 年（元泰定四年）新科进士揭榜后，张以宁与胡允文、赵彦直等同年好友相约在杭州见面，游玩中途经西湖虎跑寺。虎跑寺位于西湖西南隅贵人峰下，寺中有一泉，称虎跑泉。深山藏古寺，一径入林斜，环境非常幽静清雅。虎跑泉是三大名泉之一，素有"天下第三泉"之称。泉水甘洌醇厚，清澈见底。它的名称来自"虎移泉眼"的神话传说。住持听说来了新科进士，甚为高兴，邀请拟写对联。于是各位新科进士各自作联。张以宁所作对联《题虎跑寺》最为清奇，内容为：

山势北连三竺去，
泉声西自五云来。

上联写登上大慈山，看到这山势走向向北，可以连接上、中、下三天竺，视野宽阔，气势宏大。下联联系虎跑泉，似乎泉声是从五云山传来，五云山在虎跑的西边，意境清新深远。至今这副对联还贴在虎跑寺门柱上，成为虎跑寺的一大文化名片，静静地向我们述说着张以宁等进士们当年的风华意气。

第二部

县官善政

# 岩州缉盗民称颂

张以宁进士及第的喜讯不胫而走，很快传回家乡古田。民众欢欣鼓舞，奔走相告。张家张灯结彩，喜气洋洋。张以宁还未到家，上门贺喜的人已是踏破门槛。这时有人想起古田早先有传言："磨剑石平公卿出。"大家纷纷前往剑溪边察看磨剑石。原来古田剑溪上有个鸣玉滩，险滩造成激流飞溅。滩中有块磨剑石，长年累月受激流冲刷。至张以宁中进士之时，磨剑石真就被磨平了。于是众人都说预言果然应验不爽。自从元朝建立以来的将近五十年时间，除去前期科举未行，之后古田也未考中过一名进士。发榜两个月后，张以宁回到古田。古田县尹赵孟籲安排了盛大的庆祝典礼，并于当晚设宴为其接风洗尘。赵孟籲是宋宗室后人，重视教育。张以宁考中进士，于县尹而言，是千载难逢的大好事。他指令全县上下行动起来，大张旗鼓进行宣传，以此教育民众努力向学。张以宁心领神会，积极配合，参加了县里的一系列庆祝活动。

赴任之前，张以宁专程到宁德向老师韩信同拜谢并辞行。元泰定四年（1327年）初冬的一个上午，天特别蓝。这天，他特意穿上云锦官袍坐着马车上门。老师韩信同站在村口，大老远就看见一个穿着官袍、精神奋发的大高个子从装饰华丽的马车上下来，向着自己阔步走来。韩信同马上认出是自己的学生张以宁，随即让跟在旁边的门生点燃鞭炮。师生入座后，张以宁向老师韩信同报告参加科举的过程和结果。一众同门和拥挤在屋内的百姓都听入了迷，分享着成功的喜悦。老师赞许张以宁的出色表现。一众同门就人生理想、学习方法等与以宁进行了交流。韩信同对张以宁出仕为官心情复杂。作为一清的朋友，韩信同从小看着以宁长大，他了解以宁的所思所想。少年时期，以宁从长辈那里听说不少元人南掠的暴政，诸如掳掠人口、虐害南人等。少年时期，以宁对元人主政很反感，立志长大后要像老师韩信同、师祖陈普那样，不当元朝的官。后来在母亲的劝说下，他逐步认识到，要想有一番更大的作为，就要接受科举考试，进入仕途。在参加科举前，以宁专门征求过老师韩信同的意见，韩信同表示赞同。此次中举，他喜忧参半。喜的是以宁终于可以从政为官，一展抱负。他了解以宁，相信他会是个为民做主的好官；忧的是，他知道元朝朝廷腐败，当朝官员中能称为良吏的，百分之一都不到。大多数官员唯恐自己不富，不仅没心思体察民情、与百姓同甘共苦，反而鱼肉百姓，大肆敛财。韩信同怕以宁陷入这一大染缸。他叮嘱以宁："科举考试受到文辞水平影响很深，之前你为科举顺利，花大量时间研究辞章之学。赴任后，不要再醉心于辞章末技，要多学习经济民生治理，在实践中增长才干。要勤奋敬业，不懈怠不消极。要表里一致，忠于事业，与上级保持良好关系。要多谋善断，多学习古人的智慧，多方听取意见。"张以宁请老师写下来，以待将来时时学习自省，于是，韩信同挥笔赠诗。

有客有客云锦裳，驱车过我鱼虾乡。

自言及第翁所许，兹晨不愧登翁堂。

蛟龙得雨势必奋，越鸡伏卵我无长。

词章末技如拾芥，经济远业方开疆。

今之从政才何如，百无一二称循良。

心惟患为仁不富，其奚暇视民如伤。

楚咻共讪齐傅独，鲍鱼混乱芝兰芳。

吾党既置身其间，坚白正欲磨尝。

黄岩自是得贤宰，其必有以慰所望。

无倦与忠两句语，夫子真切教子张。

始终表里只如一，晦庵注脚仍加详。

且当立此作桢干，临事又在吾斟量。

古人八计对甚伟，便可一试囊中方。

明道十事更熟讲，以待用舍为行藏。

吾衰如此爱莫助，凤凰看汝鸣朝阳。

老师在德与智方面都提出了很好的意见，道与器兼顾，让张以宁受用终生。

张以宁顺道前往杉洋拜访李公壁。杉洋是古田东部重镇，位于古田通往宁德的必经之路上。唐末黄巢起义之时，杉洋李氏先祖从长安至福建避乱，后迁古田杉洋。杉洋李氏后裔中涌现出不少人才。宋朝李蕤科举高中，成为古田开科进士。五代时期李灏为闽国重臣。李公壁，号芝隐，元初任征东道（朝鲜半岛）儒学提举。张以宁上门求教之时，李公壁正告老在杉洋。朝鲜与黄岩同属沿海，政情民情有许多相近之处。张以宁向李公壁了解沿海民情、经济等情况，请教治理之道。李公壁获知同乡才俊得中进士，即将赴任黄岩州判官，将他所知道的情况毫无保留地告诉以宁。以宁由此得知不少情况。元朝武力称雄天下，疆域极大拓展。元朝政府大力发展海外贸易，海运极为发达，瓷器茶叶等远销海外。鼓励番舶进港交易。海外贸易成为元朝政府一大收入来源。与此同时，沿海商船往来频繁也带来一些问题，比如番舶不服从管理，治理难度大；内部民船走私制贩盐屡禁不绝，甚至还有境内外恶势力参与等等。张以宁就一些问题虚心请教，李公壁都一一进行回答。从早到晚，张以宁意犹未尽，当晚留在杉洋，宾主之间彻夜进行长谈。临别时，张以宁写下一首长诗《黄岩州判官张志道诗奉上御芝隐公》，高度赞扬李氏诗礼传家的好门风。李氏族人把这首诗记在族谱上，成为杉洋李氏后人了解家族历史的珍贵资料。

张以宁于泰定五年（1328 年）正月初三到任黄岩州判官。黄岩，隶属浙江省台州市，位于浙江海岸线中部，河汉纵横，港湾遍布。黄岩历史悠久，唐武后天授元年（690 年），因中国道教名人王方平隐居之山顶有黄石而得名。黄岩地处海滨，除海运交通便利外，还是朝廷重要盐场之一。元代盐业由国家专营，由政府对盐户进行登记，大型制盐工具由政府统一制作提供，制晒盐成品由政府统一收购、统一销售。元朝政府收入的一半是盐业收入。黄岩地势复杂，便道简便众多，走私盐通过人力肩挑、车船运输进出黄岩，屡禁不绝。豪强大族、胥吏奸徒、海寇强盗参与其中，攫取暴利。有的还利用非法得利组织武装力量，官商勾结，不法利益诉求逐渐向政权渗透。黄岩走私成为朝廷的一块心病。

前任黄岩州判官是岑士贵。岑士贵，字尚周，绍兴余姚人，英宗至治三年（1323 年）中进士。岑士贵到黄岩后，严厉打击走私盐，对参与其中的豪强大姓子弟丝毫不讲情面。当地有一李姓豪强，长期贿赂官员，与海盗勾结，从事走私盐。此人手段阴险狡猾，对不配合的官员，私下收集官员阴私进行举报，当地官员多被胁迫。百姓对这些豪强恨之入骨，地方绅士敢怒不敢言。岑士贵刚正不阿，命令对李姓豪强予以抓捕。不少权贵上门说情，岑士贵严词拒绝。李家见软的不行，就来硬的，一次趁着岑士贵在外就餐，把毒药放入食物中，毒死了岑士贵。

张以宁刚到任，就收到恐吓信，威胁他不要步岑士贵后尘。摆在张以宁面前的，有两条路可以选择。在打击走私盐上，如果表面应付，当太平官，性命无忧；如果严厉打击，就会得罪豪门和权贵，性命堪忧。饱读圣贤书、立志为朝廷当好官的张以宁，毫不迟疑地选择了后者。张以宁想起就任前韩信同老师曾叮嘱："古人八计对甚伟，临事还须吾酌量。"他表面不动声色，装出一副当太平官的样子，前呼后拥游山玩水。黄岩州西部有杨溪，溪边五峰矗立，其下昑谷溪流磅礴奔流，是黄岩州的一大胜景，以宁常到此游玩。溪的下游有一户人家，主人号喜叟，实为一隐士，多谋善思，以宁常向他请教。其兄一叟，虽是佛门中人，但也是足智多谋。他暗中深入民间走访，了解到不法豪强为走私得利，无恶不作。他暗自下定决心，一定要将不法之徒绳之以法。他悄悄派人进行深入调查，掌握到确凿的证据后，将这些参与走私的豪强胥吏一锅端，全部抓捕入狱。通过审理，张以宁把主要团伙的走私路线、走私方式、接头人等情况摸得一清二楚。涉案人员的同伙主动找上门，托人送上黄金，要求从轻发落。张以宁退回黄金的同时，假意应承，答应就此收手，不再追究，有选择地放了一些人，作为诱饵。暗里增派人手，秘密派兵屯守走私间道。过了一段时间，海寇以为天下太平，又开始毫无顾忌地进行走私。张以宁对已抓捕的走私盐大户动之以情、晓之以理，引导他们配合支持打击走私。一日，某走私大户向海盗传递消息，有一大批走私盐要在港口装船外运，需要海盗前来押运。但当海盗按约定时间地点到来后，等待他们的是早已秘密潜伏好的上百艘装载兵勇的小船。张以宁一声令下，兵勇们蜂拥而上，包围了海寇，逼使其束手就擒。随后，张以宁组织健勇队，加强军事训练，开展巡逻，使黄岩海寇几近绝迹。

与此同时，同年好友杨维桢任天台县县尹，他大力打击走私盐，取得了很大成效。两人间互通信息，共同应对。杨维桢利用浙东熟人朋友多的优势，为张以宁提供帮助。

张以宁在黄岩州期间，广泛交往各界朋友。这些人熟稔黄岩政情民情，为张以宁尽快进入工作状态，提供了很大帮助。其中一些人还为他提供政治和人脉资源的支持。

胡古愚，台州籍名士，官至太常博士，两人常有来往，张经宁在黄岩期间，胡古愚去信亲朋好友要帮助张以宁。其子胡季诚在二十多年后客寓京师，与张以宁成为忘年交。

周仁荣，黄岩籍名儒，隐居乡间以授徒为业，学生众多，名扬浙东，张以宁执弟子礼与之交往。他的侄儿周润祖，民间隐士，继承其衣钵，诗文成就高，朝廷多次征召不仕。养子泰不华，官至中书参政、礼部尚书、浙东宣抚使，在与农民起义军方国珍的战斗中殉职。

朱伯良，黄岩贤士，诗文成就高，与张以宁为友。

黄子约，天台隐士，熟悉地方政情民情，张以宁在黄岩期间经常向他请教，颇为受益。张以宁离开黄岩后，还与他保持经常联系，在《忆黄子约》中写道：天台黄石老，茅屋冷如冰。消息经年断，交游往日曾。

孔涛①六世祖孔传，随从宋高宗入江南，自曲阜徙衢州西安。孔世平父任衢州孔氏族长，其兄孔洙为南宗衍圣公，后放弃爵位，任国子监祭酒。以宁任黄岩州判官时，与曲阜孔氏后人孔世平交谊甚好，得到衢州孔家的大力支持。

胡允文、赵彦直、陶师川等经常与张以宁交游论学，交情甚笃，见于张以宁《子懋王尹次予韵君越人尝忆己巳春与胡允文赵彦直陶

① 孔涛（1286—1342），字世平，孔子第五十三代孙，泰定元年（1324年）进士。

师川游鉴湖陟玉笥登山阴兰亭问修竹尚无恙否酒酣赋诗一慨千古江海十载故人天方因君兴怀借韵一笑》："仙人垂手授玉书,仰首云间五情热。"天历二年（1329 年）张以宁应绍兴录事胡允文之邀,到绍兴观光交流。两人当时在各自任内工作顺风顺水,踌躇满志。两人约上赵彦直、陶师川一起游玩绍兴著名风景点鉴湖、玉笥山,前往王羲之举办兰亭集会之地,遥想王羲之、谢安的魏晋风度和风流偶傥。四人齐声朗诵《兰亭集序》,对传播儒家文化充满强烈的使命感。

# 六合绿野尽开耕

张以宁在黄岩州判官任上不到一年，就荡平了海寇。元天历二年（1329 年），张以宁受命进京到吏部进行述职。时值冬天，他经过吴江县。吴江县县尹孔世平，是张以宁在黄岩时认识的好友。吴江位于太湖边上，风景绝好。冬日时，江上雾气升腾，海鸥飞翔，时隐时现。孔世平陪同以宁登垂虹桥，白天看江面彩虹，晚上看江上明月。设宴款待以宁，席间宾主双方聊起吴江风土人情，吴江有三高堂，祭祀范蠡、张翰、陆龟蒙。谈到范蠡、张翰、陆龟蒙三人成仙不死，据说经常来往于吴江，两人希望能碰到这些神仙，请教成仙之道。席间趁着酒兴，两人歌唱起范成大的《三高堂招隐词》，仿佛真的见到神仙，陶醉于真诚的友情之中。

张以宁因在黄岩剿寇中的出色表现，考绩评定为最优。吏部尚书例行接见，并详细听取他的工作汇报。皇帝还亲自安排一次谈话，了解他的能力才干和为人为学，征求他对朝政得失的意见。皇帝对以宁的表现很满意，随后钦命以宁为六合县县尹。同时，按元朝"七品以上官员父母、妻子可享受封赠待遇"规定，封以宁父亲张一清为承事郎、母亲陈道真为宜人。

正当"春风得意马蹄疾"之时，张以宁在大都偶遇古田族亲张伯起。张伯起，号有竹，家居古田剑溪上游，年龄比以宁稍大几岁。两人同宗，论辈分，伯起比以宁大一辈。伯起此时也是来京述职，刚被任命为滕县县尹。两人喝着酥茶美酒，畅叙乡谊乡情，聊起家乡的人和事，交流任职经验。张伯起谈起以往接触的蒙古、色目官员，有的飞扬跋扈，胡作非为。他有次看到任达鲁花赤的蒙古人在县衙拿着木棍追打任县尹的汉人，气愤至极。张以宁对此表示出极大愤慨，但同时表示，要用汉人集体的力量进行制衡。

在大都，以宁与同年进士、同乡好友黄清老得以团聚。黄清老[①]笃志励学，与张以宁同时于元泰定四年（1327 年）得中进士，任翰林国史院典籍官，迁应奉翰林文字兼国史院编修，1341 年后出任湖广儒学提举。时人重其学行，称樵水先生。有《春秋经旨》《四书一贯》传世。三年前两人同中进士后，相约在大都的竹林寺西边厢听琴，陶醉在高中进士的喜悦之中。之后，黄清老留在京城工作，张以宁到黄岩州任职。此次两人在京城相见，似有说不完的话，彻夜倾心交谈。应张以宁之请，黄清老写下《张志道别都门》相赠：竹寺西轩共听琴，杏花犹记紫囊吟。溪山老我扁舟兴，风雨知君万里心。沧海夜潮银汉湿，蓬莱春树碧云深。三年离别尊前话，倾倒何时更似今。

两人心里都明白，此次见面后不知何时能再相见。果不其然，此次京师相见之后，虽然相互书信往来，谈诗不绝，但两人再未见

---

① 黄清老（1290—1348），元邵武人，字子肃。

面了。至正八年（1348 年）黄清老去世的消息传来，张以宁涕泗涟涟，作诗感叹。其后黄清老的儿子携其父亲诗集进京，恳请作序。张以宁写下《黄子肃诗集序》："以宁与先生皆荐于杭，试于京师，自杭归闽，复自淮如京师，归于闽，同舟而共载。又明年，复见于京师，好逾弟昆。而中年久于别。予留于扬，先生喜予诗，以书来。其后先生薨于鄂，予哭以诗甚哀。"张以宁与黄清老同为福建人，在往返杭州乡试、进京会试的过程中同行相伴，结下了深厚的情谊。后来，两人身处两地。张以宁一生有四次进京：泰定四年（1327 年）进京会试，天历二年（1329 年）进京述职，至元五年（1339 年）丁忧期满进京请求复官（到直沽阻于兵），至正九年（1349 年）进京任国子监助教，两人之间虽然见面很少，但始终保持联系，感情好逾手足兄弟。

至顺元年（1330 年）张以宁到六合县任职。六合，古名棠邑，周灵王十三年（前 559 年）即见诸史籍，秦始皇二十六年（前 221 年）置棠邑县，隋开皇年间因境内有形胜奇特"六峰对峙环合"，而始改名六合。六合境内北部丘陵，横贯东西，南部长江、滁河，沟通南北，素有"冀鲁之通道，江北之巨镇，军事之要地，京都之屏障"之称，更有古都南京"江北门户"的美誉。元代六合县属扬州管辖，滁河由六合入长江，舟楫便利，商业经济较为发达，远近货船来往不绝。但与此同时，重商抑农，民风轻扬，农业问题突出。在他到任前，淮南一带发生旱灾，接着出现饥荒，流民外出讨食。他立即向朝廷发出赈灾请求。到任后，张以宁兼任"劝农使"。他遍访耆老士绅、走访乡间村社，听取意见。当时六合县农业最大的问题是大量农田荒芜、农民外流严重，民众普遍强烈反映豪强胥吏倚势夺地、地主随意抬高田租、赋税不均、农田设施失修等问题。

纵观元史，关于饥荒的记载，俯拾皆是，触目惊心。蒙古人入侵中原之始，游牧民族的特点表露无遗，"干一票就走"，掳走的不仅是财物，而且还有人口，蒙古人称"驱口"。把掳掠的人口驱赶到北方作为放牧奴隶，同时企图把中原田野腾空作为牧场。蒙古王公一家可拥有几万"驱口"，对中原生产力破坏极其严重。后来，随着粮食紧张的形势出现，并在附元的汉族大儒许衡、姚枢、窦默等引导下，逐渐认识到"民以食为天、粮稳天下安"的道理，特别是在忽必烈主政时期，开始大力推行扶持农业政策。元朝前中期，农业及农村人口兴盛一时，后期又逐步衰败。

蒙元主要依靠选派蒙古人、色目人统治中原，同时不得不依靠地方势力支持或参与。中原大地主借参政便利或拉拢官员，操纵官府，肆无忌惮地扩大土地占有。田多的地主，每年收租至二三十万石，佃户至二三千户。各地的田地绝大部分集中在少数大地主手中。大地主收取巨额田租，可继续购置土地。宋、金亡后，有些官田也被有权势的地主乘机据为己有。大地主豪据一方，确是"无爵邑而有封君之贵，无印节而有官府之权"。大地主或仗势侵占民田水利，或隐匿田亩冒名析户，或逃避赋役，转嫁给佃户和贫民，或借粮放债，加倍取息。南宋时期早已存在而无法消除的这些现象，在元代的江南，依然普遍地存在。

在掌握情况后，张以宁组织人员走村入户不厌其烦地宣传朝廷"劝农事"政策，引导地主降低田租，要求对贫困的佃农予以安置。广开言路，听取农民的期待和诉求。出台优惠政策，号召流离在外的农民回乡，实行免税一年、免费提供农机具、免费发放周转粮和周转金等政策。对朝廷过度赏赐土地、军队夺地屯田等问题，及时向上级进行了反映并制止。扬州设有镇南王府。王府奶娘的仆从叫岁哥的，经常带领一班泼皮耀武扬威，强行侵占或骗取他人田地。张以宁向途经扬州的宰相反映了问题，宰相阿刺罕下令严查。岁哥手下的几个马仔被游街示众，被侵占的民田得以归还。有好几次，在农忙时节，真州府向六合县摊派劳役，张以宁牢记先贤"使民以时，劳而无怨"的教诲，积极向上游说，使上级作出更合理的安排。在取得上级支持后，出台降低地租的规定。对有些恶意抬高地租的地主，张以宁亲自带领佃农上门议租，将地主的气焰狠狠地压了下去。六合县县民都知道县尹是个上可抗权贵、下可镇豪强的硬汉子，县民安家乐业的信心极大增强。

在他到任前，县衙已组织过多次勘察地界和地权，但没过多久，又成为一本糊涂账。最基本的原因是豪强胥吏勾结，造成土地名不副实。地非其主、有地无主、有地无税、有税无地等现象比比皆是。为避免胥吏作梗，张以宁从乡绅中选拔若干清廉、名望高的士绅负责土地丈量、名实核对。对于被强占的土地，当即责令予以退还。对于隐匿不报的，发出公告，限期认领或收为官有。总账、明细账、图斑，一目了然。在此基础上，重新核定了赋税，做到均衡合理。

张以宁在众多村屯建立"锄社",鼓励农民运用自有资金、工具、生产技术等互帮互助;印制农书,组织农业能手、巡回各村社进行技术指导,提高农民种地水平;大力组织人力,开展兴修水利等。

有一年,六合县连续一个月干旱无雨,眼看庄稼就要绝收,农民欲哭无泪。张以宁忧形于色,寝食不安。他时时记着儒家"当以民心为己心,以诚意格天意"的教诲。张以宁决定以一县县尹的诚心去感动上苍。第一天沐浴,第二天斋戒,第三天夜半时分,他带领热心公益、公认有名望的老者和士绅,向县东北驱车三十五里,登上六合马头山。马头山山峰雄秀,山顶有巨石,高一丈余,崔嵬突出,中间有一洞穴,直径约为一尺,深不见底,常年水清不竭,传说有龙居于此。巨石边有龙王庙。民间传说,遇到干旱无雨,到龙王庙祈愿很灵验。张以宁在龙王神位前烧香祈祷毕,不一会儿,果然乌云滚滚,电闪雷鸣,倾盆大雨从天而降。民众奔走相告,县尹一片诚心,为六合民众祈求到及时雨。在张以宁的大力推动下,六合的农业大幅度发展。在任期间,张以宁还积极赈济灾民、清理刑狱、减轻劳役,受到民众好评。

在任期间,淮南一带发生疫情。一些老百姓迷信驱邪作法,不去求医问药。张以宁发布当地乡绅南宋刘漫塘所作《尊天敬神文》,大力宣传医学治疗知识,引导众人破除歪风陋俗;组织大夫巡回诊疗,最大程度地减少疫情死亡人数。长芦崇福禅寺位于长江边,是六合最大的古刹,也是南朝时期著名的佛教寺院之一。据说达摩祖师与梁武帝不和,决定离开南京。到得江边,梁武帝后悔让他离开,派人将其追回来。达摩情急之下，折断芦苇，靠着一束芦苇浮过江来。达摩"一苇"过江后，住在长芦寺。长芦寺名声极大，吸引无数文人骚客来此游历，唐朝的骆宾王、李白、韦应物，宋代的王安石、苏东坡、秦观等都曾慕名前来。扬州是元代沟通南北的重要枢纽，不少文人都会顺道前来长芦寺。张以宁经常在此主持文人聚会讲论，长芦寺日渐成为活跃当地文化、提升文人水平的一个重要场所。张以宁好友王子懋、赵德明是长芦寺的常客，他们常在此聚会。王子懋，浙江人，在扬州府属县任县尹。有时他们在运河上坐船观景，看着岸边杨柳依依，兴之所至，饮酒赋诗，写成《舟中顺风纵笔呈王子懋县尹赵德明知事》《游仙子次韵王子懋县尹》等。与张以宁深交的还有丁复[①]。延祐初年（1314 年），经人举荐，朝廷拟授以官职。旨令将下未下时，丁复翩翩离京，隐居南京终老。其人诗作水平甚高，早年诗风类李白，后自成一家。其诗自然俊逸，不事雕琢。丁复喜欢边饮酒边作诗，成诗后随手遗弃，存稿较少，在他去世后，他的女婿饶介之与门生李谨之收集其遗稿编成《双桧集》。张以宁任职六合县县尹时，与丁复交往密切，互相鼓励支持，砥砺学习研究，学问大长。张以宁与丁复是忘年交，两人间友情亲切真挚。《喜丁仲容征君至》："题诗苦忆城南郭，喜见归来鹤姓丁。双鬓野风吹汝白，一灯江雨向人青。志士长嗟灵寿杖，史官独失少微星。琼花照眼春无赖，明日酹君双玉瓶。"诗中提及：有一次，丁复离开

---

① 丁复（1272—1338），浙江天台人，曾游学京城，才华出众，但不喜仕进。

金陵时间较长，张以宁思念他，写诗寄托友情。忽一日，丁复归来，张以宁为老友相会，喜不自胜。看到丁复双鬓更加斑白，感慨这样一位德高望重的贤人，年轻时未受重用，逐渐老去，感叹岁月易老、贤才湮没，实在令人叹惜。但当想到两人相逢之后，又能饮酒赋诗畅谈，张以宁兴奋不已。

张以宁对丁复始终怀着崇敬之情，把他看作东汉时期的郭泰[①]。郭泰是东汉时期名士，与许劭并称"许郭"，被誉为"界休三贤"之一。郭泰博览群书，擅长说辞，口若悬河，声音嘹亮。他虽褒贬人物，却不危言骇论。张以宁《与赵德明谈丁仲容作此寄之》记载："江左诗人丁叟在，淮南木落看青山。寻僧野寺秋风去，送客溪船夜月还。八口艰难新欺后，廿年落魄醉吟间。城南郭泰能携酒，得伴先生杖履间。"诗中描述两人在秋风吹卷落叶的时节，一起去山间看风景，到乡野寺院与僧人谈经论道，在月夜相送坐船回家。丁复安于贫困，淡泊处世，与隐士朋友们诗酒唱和，其乐融融。四面八方人士纷至沓来，携酒跟随，求学求诗。丁复喜欢边饮酒边作诗，酒半酣时诗更清奇，待全部诗兴挥洒尽，人已醉倒在桌旁。有好几次，张以宁到丁复家，见到他喝醉酒，刚写成的诗稿扔得满地都是，一个人斜倚在后院桧树旁，呢喃自语，不知说啥。在与丁复的交往中，张以宁文风得到淬砺。丁复诗文格调清奇，早期类李白，后自成一派，深受时人推许。张以宁从中深受启发和教育，在诗文创作中自觉践

---

① 郭泰（128—169），字林宗，太原郡界休县（今山西省介休市）人。

行李白平实清奇的文风。丁复谋略才能卓越，交友广泛，为人真诚，寓居金陵近三十年，成为文化人的一面旗帜。杨刚中、李桓等金陵本地文士和张翥、危素、李孝光等寓居金陵的八方文人都高度认可他的才能。丁复还与大都文坛、浙东人士保持着密切联系。

在此时期，张以宁因丁复的引荐，还结识了张翥、危素、李孝光、李桓、杨翮、饶介之等人，在相互交流学习中，张以宁融入了淮南文化圈，诗文水平也逐步提升。

儒学教育事关人才培养，是他始终关注的大事。刚到任，他就到县学进行走访，看到县学房屋破旧、梁木腐朽，张以宁心痛不已。他带头捐俸，富家大户纷纷跟从捐资，对破旧的六合县学进行修葺，延请教授，修订学校课程和教材。公余之时，以宁深入县学，讲授经书要义，教导学生立志向学。

张以宁同年进士好友萨都剌时任镇江路录事司达鲁花赤，地属邻郡，与张以宁常有来往，对张以宁的业绩予以高度评价。在《寄志道张令尹》诗中萨都剌评价道：

> 淮南宣化阁，相对石头城。
>
> 二月风帆过，满江春浪生。
>
> 青山行不断，绿野尽开耕。
>
> 令尹张公子，儿童知姓名。

至顺三年（1332 年），惊闻老师韩信同病重，他赶回宁德看望。张以宁与老师韩信同的感情十分深厚。韩信同不仅是引领他学习的老师，更是指引他人生航程的导师。韩信同给了他无私的帮助。当他到达宁德时，老师已到了弥留之际。看到张以宁前来，老师面容一下子变得温润了。临终时家人和张以宁等一众学生环立病榻前，他告诫子孙当修身睦族，勿忘前人志，告诫张以宁等门人："读书没有机巧，关键是熟读精思，时间久了自然成师，大家切记！"言终而逝。元统元年（1333 年），张以宁收到韩信同儿子来信，称以宁是其父最得意的门生，请求为其父撰写行状。张以宁于是写下《古遗先生韩公行状》，概述先生一生事迹，厘清先生理学渊源，颂扬先师为人处事的高贵品质，简述先师著述特点，介绍先师家庭情况等，成为研究韩信同文化的一份珍贵文史资料。

元统元年（1333 年）张以宁应族人之请撰写《故孺人林氏墓志铭》，对墓志的主人林道佑及其夫家家世进行阐述。林道佑出身于古田林氏望族，家教有方，堪称淑女。而古田张氏亦是书香门第，子弟贤良。林道佑嫁与张氏张伯寿，张林联姻，门当户对，可与齐家。志文重点赞美林氏的贤惠和懿德，称她为人端庄沉稳、文静贤淑、侍奉公婆、体恤族亲、和谐邻里、循规蹈矩。张家经营有道，富甲一方，仰赖道佑内助之多。对于夫家热心公益，解囊捐助筑路架桥修建寺观，道佑从不吝啬钱财，成夫之义举尤多。道佑相夫教子，对待嫡出和庶出的子女能一视同仁，教导有方。丈夫去世后，道佑又独撑家政，一家和乐，五代同堂，福寿双全。这方墓志铭碑，篆额者和撰文并书写者在当时已有名望，因而墓志规格之高，成为亡者家族的荣耀。

# 科举滞选起风波

　　正当张以宁在六合县县尹任上顺风顺水、大展才干之际，元统二年（1334 年），朝廷发生了政治大地震，决定停止科举。这事传到读书人耳朵里，简直是晴天霹雳。他最早听到这个消息，是在山东籍衡州知府张起原座上。张起原是时任礼部尚书、元朝第一位状元张起岩族弟，两人来往密切。听到停止科举的消息，张以宁仰天长叹，泪流满面，后背发凉。

　　科举入仕在士人的心目中，具有极重的分量。张以宁深深感谢科举考试给了他施展才干的机会，从小立志向学，博览群书，逐渐认识到儒学积极入世的精神，有利于实现他修身齐家治国平天下的抱负。经历过艰辛的学习历程，他坚定了当好儒学传播者的信念。同时，他也知道，在汉人受歧视，以及以世袭荫封为主的选官制度下，通过科举取士的办法，汉人才能进入上层社会，为自己争取到更好的政治地位，因此参加科举、支持科举成了他的自觉行动。

　　他听到朝廷上以御史大夫吕思诚为代表的一帮汉族京官大臣发起了反对停止科举的斗争。他们对停止科举的首倡人彻里帖木儿以工作失误为由，进行弹劾。各地汉族官吏却明哲保身，噤若寒蝉，少有呼应。他决定先给伯颜丞相写信，痛陈停止科举会造成士人寒心、朝廷失才、教育低质化等弊端，希望丞相能体察民意、改变政策。治下的六合县学学生到真州府集体静坐，向知州递交呈情信，社会舆论哗然。在全国上下的声讨下，彻里帖木儿被斗倒，降职下放，大家以为科举恢复指日可待，欢欣鼓舞，不久后却发现只是空欢喜一场。伯颜出于压制汉族的考虑，利用威权，继续执行这一政策，并先后对反对停止科举的汉族大臣吕思诚等进行打压，降职外放。张以宁也因得罪知州，在其后的任职生涯中，处处受打压，张以宁心情苦闷。一日，丁复召集张以宁、黄观复、燕集、叶仲庸于丁复园林聚会。四人共同赋诗唱和，在提到张以宁时，淮南隐士、诗人丁复作诗劝慰。

## 同县尹张志道徵士黄观复阴秀才燕集六县校官叶仲庸池上分韵已而互相为和（其二）次韵殿字

丁复

堂堂琼林客，籍籍金銮殿。

一官岩州最，再调淮县见。

人生逐日老，世事浮云变。

亦有古宫台，凄凉入荒甸。

此时，幸有当权人物王都中成为张以宁的仕途支撑，暂保他一时。王都中（1279—1341），福宁（今霞浦赤岸）人，1333 年任两淮盐运使，后任河南参知政事、福建参知政事。王都中到扬州任职后，张以宁以同乡晚辈之礼拜见，相识后经常往来，王都中对张以宁也颇为赏识。一日两人谈到福建同邑乡贤杨载（字仲弘），王都中拿出珍藏的《饶州东湖四景图》。图上有王都中好友杨载的题诗。王都中曾经任饶州路总管，对那里的山山水水富有感情。张以宁端详四景图和杨载的题诗，自作了四首意境绝佳的追和诗。

## 追和杨仲弘饶州东湖四景诗上本斋王参政（其三）

张以宁

使君晓命木兰舟，霁雨湖光碧玉秋。
乐妓并歌翻小海，诗仙同载上瀛洲。
莼香白露尝初荐，稻熟黄云看早收。
安得如公百元结，狂澜今为障东流。

至元二年（1336 年）母亲陈道真去世，张以宁回乡丁忧。至元五年（1339 年），张以宁守制三年后，未得授职，从此走上了留滞江淮十年的隐士生涯。

蒙元政权自建立起，历来不重视科举。建国四十多年，到仁宗延祐四年（1317 年），才实行科举。元朝多数统治者认为科举选出的文人，大多重辞章而无实用之学，而且科举会使士人将大量时间精力耗费在僵化八股式的考试上，但这并不代表元朝不重用儒术。相反，元朝大办书院，用荐举式选拔能为国家所用的儒士。荐举式受地方势力左右较大，且主观随意性较大。在这种反思精神推动下，元朝在恢复科举后，一改前朝积弊，更加注重实务能力的考试。

在倡议停止科举上，彻里帖木儿主要考虑当时到处饥荒、财力捉襟见肘，停止科举会减轻财政负担等经济问题。此人在历史上评价较高，在任州府时，遇到饥荒，他在未禀报上级的情况下，决定开展赈济。同僚劝他要按程序报批，彻里回答："人命关天，按程序报请，将会饿死万人。赶紧放粮，有责任，本官一人承担。"元顺帝因他的这种仁义果敢的精神表扬他。伯颜反对科举，主要出于蒙古贵族对儒家文化的不重视，更出于防止汉人掌握政权的警惕心。除在科举滞选上，伯颜还出台政策，禁止戏文、杂剧、评话等通俗文学在民间流行。至元三年（1337年）三月初七，在京的泰定四年（1327年）李黼榜进士在大都城南举行十周年聚会，李黼、黄清老、观音奴等十位同年进士到会。与会者在进行诗文唱和的同时，对外明确发出对科举考试的支持态度。萨都剌时任闽海道肃政廉访使，为响应大都诗会，也于福州举办了十周年庆祝活动。在文化界的发动下，反伯颜的声浪积少成多、风起云涌。伯颜的倒行逆施政策，招致汉人上至权贵下至平民的普遍反对。终于在至元六年（1340年），伯颜被推翻，科举被重新恢复。

在这次科举滞选抗争中，同年进士不少都与张以宁同声共气，但表现的激烈程度不同，因此导致的人生命运也不同。其中一人与张以宁做到了同呼吸共命运。胡允文，字一中，浙江诸暨人，张以宁同年进士。在参加杭州乡试、京都会试的过程中，两人相识、相知，后成为好友。

进士及第后，张以宁得授黄岩州判官，胡允文得授绍兴录事。任职地相近，相互联系更为紧密。天历二年（1329 年）春，张以宁与胡允文、赵彦直等好友同游镜湖。多年之后，在留滞淮南期间，张以宁回想起与胡允文真诚的友谊，仍觉美好满满。《子懋王尹次予韵君越人尝忆己巳春与胡允文赵彦直陶师川游鉴湖陟玉笥登山阴兰亭问修竹尚无恙否酒酣赋诗一慨千古江海十载故人天方因君兴怀借韵一笑》（节选）。

> 淡黄柳色摇春风，中流飞桨惊凫翁。
> 忆昔镜湖携窈窕，故人吐气皆如虹。

胡允文学识素养好，著有《诗童子问》《四书集》等，在浙东文人中有较强的影响力。在任职绍兴、绍武录事时，诸多有影响力的文坛人士都纷纷予以赠诗。黄溍《送胡允文绍兴录事》、张翥《分题若邪溪送别胡一中允文录事之绍兴》、钱惟善《分韵送诸暨胡允文》、柳贯《送胡允文赴邵武绿事兼简汪国良使君》、胡助《送胡允文杨廉夫赵彦直登第归越》。但是就是这样一个人物，在抗争科举滞选、得罪权贵后，也被贬免官，从此以教书授徒为生，其子后来得中明朝开国后第一科进士，见于张以宁《科举以滞选法报罢士无有为钱若水者何也予于胶西张起原坐上闻此语悚然予获庚甲戌冬而乙亥科举罢徒抱耿耿进退趻趺此古昔有志之士所以仰天泪尽者也感胡永文事赋廿八字凡我同志当为怃然》。

竹实离离紫海春，高飞鸾凤出风尘。

哀鸿不作青冥想，空向江湖怨弋人。

胡允文被免官后，专心授徒，门生众多，其中不少忠义之士，最具代表性的学生为胡善。胡善，字师善，绍兴诸暨人，泰定年间的进士，是胡允文的得意弟子。胡善在松江做官时死护文庙的真实故事广为流传。1355 年，胡善成为松江的儒学经师。到第二年的二月，因为苗寇攻打入城，想毁掉孔子庙。胡善坐在席上骂寇，寇大怒，杀害了胡善。因为胡善的拼死捍卫，孔子庙才在战火中得以保全。其实胡善早就有以死一搏的准备，他曾经在墙壁上题了一句诗："领檄来司教，临危要致身。"后来的结果，果然被他自己的诗所言中。后来掌管学校的官员画了胡善的图像，将他立祀于"先贤堂"内。

第三部

淮南授徒

# 城隍庙记明礼制

　　至元二年（1336 年）秋，张以宁接到家中来信，获知母亲去世。惊闻噩耗，张以宁一下子感觉天塌地陷，想起母亲对自己的养育和教导，不禁涕泗涟涟。他很快做出了回乡安排，踏上了返乡办理丧事的路途。回到古田后，官员、文人等纷纷上门吊唁慰问。因为官清廉，张以宁的家并不富裕，丧事办理尽量从简。此时，他的三个同父异母的哥哥已去世，父亲一清已年过七十，似风中之烛飘摇，无力帮忙丧礼，只能靠以宁一人独自筹划。好在有亲戚朋友帮忙，按古田民间风俗完成了丧礼。接下去，张以宁开始了丁忧守孝三年的时光。

　　张以宁回古田丁忧守孝前，至元二年（1336 年）春，同年好友萨都剌已先行到福州任职闽海道廉访使。萨都剌，字天锡，号直斋，答失蛮氏（回族）。其祖父徙居河间，萨都剌生于雁门（今山西代县）。萨都剌与张以宁同年中进士，授镇江录事司达鲁花赤，历南台掾、宪司照磨、经历等职。他宦游多年，足迹遍及长城内外，大江南北，不少作品富于生活实感，描写细腻，贴切入微。后人推崇萨都剌为"有元一代词人之冠"，著有《雁门集》。萨都剌与张以宁交谊甚好，互相常有书信往来，交流学问，唱和诗词。

　　萨都剌与张以宁经历上有交集。萨都剌在镇江任职，当时张以宁在六合任职。萨都剌于至元元年（1335年）底到至元三年（1337年）四月在福州任职近一年半。在此之前，其侄子萨仲礼于元统元年（1333年）中进士后，被授福建行中书省检校，已入闽任职。张以宁奔丧回乡后，萨都剌携侄儿萨仲礼上门看望慰问。此后，两人经常来往交流。古田剑溪风光引人入胜，令萨都剌流连忘返。至元三年（1337年），为纪念进士及第十周年，萨都剌在乌山举办诗会，广邀朋友参加，张以宁参加诗会活动。诗会活动旨在促进文化交流，宣传城市文化品牌，同时也为恢复科举进行造势，后人将他在福州乌山创作的两首诗刻在石头上。有亲人和同学在福州，令萨都剌倍感温暖，在福州写下为数不少的诗歌。不知不觉，福州成了他割舍不去的家乡。一天，张以宁到福州萨都剌住所，听到叔侄俩正在讨论族人定居地点问题。以宁从经济、政治、文化等角度提出看法，认为福建山清水秀，水涝干旱等灾害较少；理学兴盛，闽都文化繁荣；福州水系发达，堪称东方威尼斯；滨海而居，海港码头会带动经济发展等等。他在谈话中还特别提到，将来他致仕后，可以陪着萨都剌叔侄俩在古田剑溪边荡舟吟咏。张以宁勾画的一幅美好图景，让萨都剌叔侄俩为之倾心。后来萨都剌因工作调动，离开福建。萨仲礼下定决心，举族迁移到福州，从此雁门萨氏逐渐成为福州的一大望族。民国时期其后裔萨镇冰任海军总长、福建省省长，政声显著。

　　至元三年（1337年），古田城隍庙完成一次扩建，此项工程从至顺中期开始。元统元年（1333年）是个特殊的年份。这一年，元明宗驾崩，接任的元宁宗仅在位五十三天也驾崩，随后元惠宗继位。元惠宗重视儒家文化，上任伊始，即下诏要册封天下神灵，并由官方予以祭祀。在此背景下，修缮工作得到高度重视。在县尹赵孟籲、县丞胡薛彻大力倡导下，在县民陈天益、何公益、高天益、程原福热心组织下，全县各界热烈支持，筹款、买地、扩建重修等工作顺利开展，到至元丙子（1336年）结束。自大德八年（1304年）大修之后，这是城隍庙再次大修。以宁因丁忧在家，经常和赵县尹、胡守丞一起去城隍庙察看工地建设情况，并提出具体改进意见。他还带头捐款，发动大家热心参与。

城隍信仰历史悠久。古代为保护城市，修建城墙和壕沟。有水的壕沟称为护城河，无水的壕沟称为隍。城隍神先是以自然神出现，后经历史演化和道教改造，兼任城市保护神和明察人世、掌管阴间的神。各地城隍庙大多祭祀生前有功于百姓的官员或英雄人物。古田城隍神姓刘，名疆，世代居古田，属大族豪强子弟。唐开元二十九年（741年），刘疆联合林溢林浠首请献地建县，唐廷任其为古田县县令。任上能保境安民，不恋栈权位，不久功成身退。在他去世后，民众就其居屋（有说法是县衙）建庙，号为"宁境"，公认为古田拓主。宋崇宁二年（1103年），赐额惠应。政和二年（1112年），封顺宁侯，后加正应。宝祐年间，加号灵显，被封为城隍之神。宋景德年间，县令李堪毁淫祠，不废城隍庙。

旧城隍庙在一保云津坊，后迁至下马亭。城隍庙街一年到头人流络绎不绝，是举办文化和商业活动的重要场所。张以宁小时候经常随母亲上城隍庙祈求平安，顺便逛庙会。城隍庙经常有重大活动，最热闹的是每年正月初五组织的隆重的城隍出巡民俗活动，纪念刘疆护国惠民，祈求风调雨顺、国泰民安、五谷丰登。锣鼓开道，鞭炮齐鸣，随后抬着七爷、八爷、保长、判官等塑像，瓶、炉、镜及各境香亭等物依次前行。出巡队伍中间还有舞狮、踩高跷、木偶杂技表演等节目，配以各种仪仗、乐器。其中还安排一人"驮枷"（即披枷戴锁），以示惩恶扬善。紧接着是八人抬城隍塑像出巡，威风凛凛。最后是凉伞、大鼓压阵。巡游队伍浩浩荡荡，穿街过巷，沿途人家摆上供品，烧着高香，男女老少全出动，万人空巷，夹道欢迎，热闹非凡。

至元四年（1338年）七月，张以宁受邀请，撰写《古田县增广城隍庙记》，内容分为五个部分。

第一部分：主要概括刘疆首请建县及为其后古田融入中原文明做出贡献。"郡邑皆有城隍祠，由唐始。古田祀顺宁正应灵显侯，报本也。吾闽自无诸扶翼汉室，民为冠带，迄唐开元，独斯邑未造。刘侯筚路山林，乃疆乃亩，挈而归诸职方氏，风气日开，富庶以教，系吾侯之力也。"

第二部分：论述刘疆完全有资格入祀城隍庙。"在《礼》：有功烈于民，能御大灾，捍大患者，殁则祀之。侯之烈，光昭图牒，视古之祀法奚其愧，夫岂他郡邑可比欤？祀在邑西麓。嘉定中，加前号，提封百里，实与长民者共理之。"

第三部分：表明城隍庙有灵应。"翊庇生民，除其邪祲，雨旸祈祷，有应如响。革命初，邑罹多故，灵迹益显。"

第四部分：讲述了修缮过程。"邑之吏民，念无以报侯惠，大德八年甲辰，肇谋即侯之祠增广地基，……圮栋腐瓦，咸易其旧，至顺中，复得邑尹赵公孟籲、丞胡公薛彻二宰咸孚诚意，赞导创堂二所。像设俱新，黝垩交焕，讫功于至元丙子。於是，高明完丽，称侯之功烈与吏民尊祀之意，邑人请以宁记之。"

第五部分："以宁策名一第，实侯阴相之，自顾凡陋，曷足以扬神休而迪民志哉？抑尝闻天地之间万古不敝，惟一正焉。尔神人一理也，幽显无间也。心不欺，所以祀神也；善必积，所以求福也。侯之嘉惠是邦，岂有既哉？拜侯之祠者，式讹尔心，毋謟毋渎，尚毋为神之羞。是为记。"大意为我以宁能中进士，是得到了城隍的荫庇，我自视才浅平庸，如何才能宣扬城隍的美德而开启民众的志向呢？我听说天地间万古不变的是正心。神与人、明与暗都是同一道理。不欺心，才能敬神。多积善，才能得福。城隍惠民无止境。拜见城隍神的人，要去除讹诈，别让神灵蒙羞。

# 庚辰南归身浮萍

至元五年（1339年），丁忧期满后，张以宁上京都向吏部报到，请求候任派官。途经直沽，为兵所阻，无法上京，只能选择返程。他不知道的是，此次兵变是针对伯颜的。不久前脱脱和顺帝心腹臣下密谋，趁着伯颜外出的机会，在京城宣布戒严，紧闭城门，宣布将伯颜贬黜外放。此时已是至元六年（1340年）的春天了。再过几个月，朝廷即将发生巨变，权相伯颜将被推翻，科举考试将被恢复。伯颜当政时，极度敌视汉人、主张停止科举、规定汉人不能使用铁制农具、被打不能还手等等。伯颜在朝中还结党营私，大力排斥异己，经常越过顺帝，先斩后奏，擅权处置大臣。顺帝对伯颜嚣张跋扈的行为，日益不满。伯颜侄儿脱脱看在眼里，担心自己会被伯颜牵连，于是倒向了顺帝，联合帝党发起反伯颜的斗争。对于朝廷即将变天的消息，在野的张以宁无从预知。他的心情是沉闷灰暗、彷徨不安的。回想起自己十年来的仕途生涯，既有事业成功时的志得意满，也有碰壁时的苦涩与无奈，真像做了一场梦。泰定四年（1327年）进士及第，他意气风发、志得意满，对未来充满信心和期待，写诗立志。

# 丁卯会试院中次诸友韵（其二）

踪迹飘蓬西复东，共来折桂向蟾宫。

云烟满纸文裁锦，星斗罗胸气吐虹。

礼乐兴隆千载后，人材涵养百年中。

主文正拟公输子，共喜无私别众工。

为官十年，张以宁在黄岩州判官、六合县县尹任上取得不凡业绩，官声尤著，但因反对科举滞选而得罪上司，在母亲去世、丁忧期满后，无官可做。梦醒时分，生活还要继续下去。下一步人生之船该驶向何方？南归的路上他反复就未来去向安排进行权衡思考，愁肠百结，心乱如麻。但毕竟他是诗人，有高雅的自我疗伤的自觉和方法。乐可以为诗，哀也可以为诗。真正的诗人能做到乐而不淫，哀而不伤。诗可以兴、可以咏、可以叹。在苦闷和压力面前，他选择以诗舒郁、以诗抒怀、以诗言志，振作自己的精神，明确自己的方向。诗是他的最爱，也是他的自信之源，在诗的浸润下，他消除了愁绪，重新获得了力量。他熟读李白的诗，坚信"天生我材必有用"，除仕途之外，一样有平坦大路。他熟读孔子著作，坚信天不灭斯文。他了解世情社情，知道扬州有大量文人以从事文化行业安身立命，进而他对儒家经世之学，抱有充分的文化自信。他决定，无论是痛苦还是欢乐，都张开自己的双臂去拥抱未来。

幸有长子张烜陪同，使旅途上多了一份心灵慰藉。父子俩一路诗词唱和。途中作下有关张焴的诗不少，张以宁爱子情深、望子成才的心情可见一斑。

一路行来，一路作诗。从直沽南下，此次南归，经沧州、德州、聊城至扬州，再经常州、平江、嘉兴、杭州、建德、衢州、信州，归闽中。他在此行中写下第一首诗。

## 至直沽

野泺天低水，人家时两三。

雁声连漠北，鱼味胜江南。

雪拥芦芽短，寒禁柳眼缄。

持竿吾欲往，拙宦白何堪。

直沽，古代称"九河入海之处"，地势低下，黄河以北之水多从直沽入海。多雨时节，此地水势泛滥，几与海平。古人曾要填淤置田种稻，张以宁踏上直沽土地时，那里却是溪流汇集入海口。

此次返程的最后一首诗，即是在古田与建瓯交界处筹岭所写的。

## 宿筹岭

昔者屯兵盛，瓯闽此地分。

清时无寇盗，比屋乐耕耘。

涧响不知雨，山高都是云。

明朝见亲舍，一笑慰辛勤。

　　此诗描述了古瓯边界筹岭作为屯兵重地的情景。出生成长在古田，张以宁北上游学、会试、出仕，经常要进出筹岭。筹岭位于古田县西北部，是古田与建瓯分界处的一座山岭。这里的主峰石塔山，海拔高达一千六百多米，号称闽北四大天柱之一。从古田凤埔西溪往北，一直到建瓯，呈现在眼前的是莽莽大山，高山峻岭，除古田旧镇、建瓯玉山等少数几个村庄外，这里村庄稀少，荒山野岭，野兽出没，乱世时期匪盗猖獗，过往行人视为畏途。自古以来，古田往北有两条主要通道：一条是由陆路过古瓯边界筹岭，经玉山，至建瓯；二是由水口溯闽江而上，或由沿闽江边便道北上。对比来说，水路更为艰险，动辄船毁人亡。由福州东门出来，经雪峰寺前，穿古田旧县城而过，往西北过筹岭至建州，此即东路。从福州西门沿闽江便道而上经南平至建州，为西路。东路与西路相比，路程缩短近一百八十公里。此路线在唐宋为偏隅僻路，但因居高临下，实为用兵间道。黄巢入福州，走的就是这一路线。因筹岭地势险要，易守难攻，便于控扼交通，筹岭在经济军事上具有重要的战略地位。

　　士是具有担当天下精神的人，张以宁即是如此。这次经过筹岭，他想起全国民变纷起的现实局势，迟早会波及福建。筹岭的军事战略地位将再次凸显。家乡古田的和平日子不知何时将会一去不复返。进而他对个人前途的担忧转化成对家国的担忧。面对一个古田北部的山岭，张以宁发出了深刻的感慨。

　　庚辰南归，张以宁写了七十多首诗。主要有三类：一是自然风光景物题材；二是思亲念友之作；三是历史抒情题材。这些诗可以体现出，张以宁已经放下朝廷官吏的身份，以一个平民知识分子的身份去理解世界、明确志向，留滞江淮十年的生涯由此开启。

中华文化源远流长，蕴含的不少经验智慧给后人以深刻的启迪。张以宁作为一名朱子理学的传承人，深受中国传统文化教育熏陶，历史人物、历史事件都给他不竭动力，写下《董子庙》《徐州霸王庙》《黄楼》《燕子楼》《过辛稼轩神道吊以诗》等，从历史中汲取力量。《至建阳文公宅里》（节选）：河南夫子骑箕去，建水重生盖世翁。体现了他对中华文化信心满满。这样的一个文化人无论遇到什么困难，都不会灰心丧气。他勤读"六经"，深知人的一生不可能一帆风顺。潜龙在渊时要蓄积力量，飞龙在天时要抓住机遇。

# 淮南隐士多鸿儒

至元元年（1335 年），因反对科举滞选，张以宁招致上司不满。至元二年（1336 年），张以宁因母亲去世，回乡丁忧守孝。丁忧期满后，张以宁进京向吏部申告。行至直沽，为兵乱所阻，只好返程，一路上写下不少诗歌，汇编成《庚辰南归集》。回古田后不久，他即决定前往淮南以设馆授徒为生。从此滞留淮南，开启淮南十年开馆授徒生活。之所以选择淮南，最直接的原因是他任职六合县县尹多年，在淮南一带有自己的朋友圈，除此之外，还有更深层次的原因。

淮南经济文化发达。元帝国，是最开放的帝国，是名副其实的世界中心。扬州，处于长江与运河的十字路口，临近大海，地理位置类似于今天的上海。那时的上海还是一个默默无闻的小渔村，而扬州已经发展成为国际化的大都市。扬州兴起，除了有地理因素，还有一个重要的因素，那就是盐。元代的扬州作为江淮地区的政治、经济、文化、军事中心，地位举足轻重。元明之际史学家危素在《说学斋稿·扬州正胜寺记》一文中写道：扬为南北之要冲，穹官显人往来无虚日，富商大贾居积货财之渊薮。《马可·波罗游记》记载，1282 年至 1284 年，马可·波罗曾在扬州为官三年，他对扬州，以及所辖城镇的风土人情做了翔实的记载。坐落在东关古渡边的马可·波罗纪念馆，见证着扬州与世界的经济、文化往来。

淮南多俊彦。这与元代南方士人入仕难、行道难有关。蒙古族以武力得天下，入主中原，尚武抑文，推行勋旧世袭、抑制汉人为官等政策，科举时停时行。即便科举恢复，能够通过这一途径入仕的也仅为极少数幸运者。元代共开科 16 次，录取人数为 1200 人，比起宋明两代，以及元代庞大的官僚群体，可以说有天壤之别。一般的江南儒士则以充任吏员与教官为从政主体。正由于出仕机会甚少，遂逐渐造成元代庞大的隐士群体。元代文人之困窘，非但在于入仕之艰难，更在于行道之不易。即使幸运出任台阁的官员，因风俗习惯、文化背景等与蒙古、色目不同，所提出的意见建议，大多被认为是迂阔空谈，不被采纳。此种情况促使有志作为的汉族知识分子望而却步，转而隐身民间著书传道、明经授徒、修身立志。因大量知识分子活跃于民间，故而扬州文艺、绘画、杂剧等十分活跃。张以宁栖身于此，文人朋友众多，谈经论道不乏知己。

张以宁滞留江淮，先是被动融入江淮隐居队伍。但渐渐地，他适应了隐居生活，并与王伯纯、丁复、成廷圭等众多民间文化人士成了好友。

聚会、上任、辞别、出游等，成了张以宁与隐士好友们诗文唱和的契机。这些诗文给我们揭示了他在隐居生活期间的所思、所言、所行。

他对青年后辈循循善诱，希望他们要继承好文脉文风，立志成才建功立业。同时他又希望年轻人不要抱功利心态，而要为培养人才多做贡献。

他提出士人应以仁义教化为本，不应汲汲于功名。《送吴宾旸之泰兴教谕序》："古之人耕筑渔盐，无意于功名，而功名每每自至，后世望之以为不可及者，皆是也。然而往往殚其智以求，幸而得其命之所固有者，则诩诩于人以为能，其视古之人何如哉！"《送刘浚廷任五河教谕序》："抑海陵予未至，未知丘园寂寞之滨，抱遗经，蕴瑰奇忠信材德之贤，复有深藏而不市者乎？先生之材德遗韵，其尚有存乎？"此文表明对隐士的敬重，明了其中不乏杰出人才，认可他们对传承弘扬美德遗韵做出了良好贡献。

张以宁在扬州结识了中山刘俊廷。刘赴任五河教谕，请以宁赠言为念。以宁言：海陵胡瑗，北宋初年教授苏湖学，学徒上千人。学问的宗旨为明道义而适用，学用结合。精通经义为先，讲究文辞为后。道德仁义为本，不苟利禄。学生追求美德和实践，先生严格管理，身体力行，寒暑不懈怠。刘执中等在太学教书能模范遵行海陵学派思想。当时周程朱学派未出。由此而兴，变而为道。改变以汉传注唐代声律辞章之习，上接孔门之学。因而虽然周敦颐、程颐、朱熹等，打破陈规之功甚大，但甘而调和，白而加彩，海陵之学实为至要。

他提出士人要勇于担起教导责任。钱德元，仪真人，清贫寡欲，好读书。张以宁滞留淮南时常有来往。一日德元上门告知将要赴任盱眙文学，求请赠言。张以宁写下《送钱德元教谕盱眙序》："盱眙之风土如彼，国家之崇劝如此，长人者安知无如文璨君者乎？必有以重子矣，德元往哉！教官职虽卑，方百里之地，颛掌教典，与令长分其任，古意厪厪存者有此耳，其责顾不重乎？德元往也。"大意为盱眙民风淳厚，风土尚义，国家崇文重教，当地长官应当会如前任纳文璨般支持教育。教官职位虽低，但专管教化，倡导孝悌忠信之古道，责任重大，德元应勇挑重担。

他为吴山郝思道新筑屋撰文《泉石山房记》：吴山山水虽佳于钱塘，但是世人耽于富贵声色，很少有高尚的情趣。只有立志读书，不沉迷声色犬马，以寂寞为友，以淡泊为志趣，才能有学问而乐在其中，与他人不同。

首先是天长县儒学学堂修缮一新，他欢欣鼓舞。应浙西宪金刘遵道邀请，写下《天长县兴修儒学记》：古代士人，耕有恒产，学有成规。考试内容以德行道义为标准，而不是以辞章取胜，选拔人才也有既定的标准。复兴效法古代的治理，这些方面最重要。其次是严谨对待庙堂祭祀，使儒者知所尊崇。重居屋，增民利，使士人有所居有所养。长期培养考察，衡量人才技能，提拔有才干的，使贤能的人有进取心，而士人就会效法古人尚忠义。然而教育缺失、学风懈怠，文风华而不实，人才难以出现，随之治理失序。还指出了教育责任问题：士人通过学习交友或诗歌唱和，相互劝导、相互教育，诗书熏陶，礼乐兴起，希望不辜负郝侯的期望。教育条件不到位的，是县令之责。自修自养不力的，是士人之过。甄选贤能，激励风化，是风宪官的职责。

授徒淮南时期，作为一名民间教授，他一方面希望自己的学生能按照儒家标准立德、立功、立言，另一方面也深知世道不明，难有作为。因此心生退隐之心。

他一度有意隐居。《送刘廷修调安庆路诗序》："予浩然有卜居志，君行访龙眠之山，石峰之洞，复有昔时隐居子，倘为予先寄声焉。"

他幽居于峨嵋山麓的塔山塘堡，在此娶包氏、林氏，生子元庆。他的隐居生活，没有繁杂的公务，也没有喧嚣的应酬，有了更多自由空间。在饮酒作赋之时，酒自然是少不了的。李白是大诗人，长期过着隐居的生活，是张以宁学习和崇拜的对象。

张以宁《峨眉亭》："白酒双银瓶，独酌峨眉亭。不见谪仙人，但见三山青。秋色淮上来，苍然满云汀。欲将五十弦，弹与蛟龙听。"

峨眉亭，一作蛾眉亭，又称捉月亭，位于采石矶（今属安徽马鞍山市），世传唐代诗人李白游至采石，在水中捉月，故以名亭。作者登临此亭，正值木叶飘零、满目秋色。诗人茕茕孑立，把酒临风，既怀古昔，对前人的踪迹追索寻觅；又抒万种愁肠，为自己的现实感慨不已。酒液澄澈，泛着银光，以宁独饮双瓶，凭吊古人、畅饮尽兴。江山依旧，人事已非，天界谪往凡间的诗仙太白早已骑鲸逝去，唯有这青山永远耸立，默默地注视着面前的每一位游人。山岭苍翠，亘古不变，可人生却太过短暂，即使是李白那样的天才诗人也无法长留人间，诗人念及于此，不禁悲从中来，绚丽的秋景在他的眼里也霎时丧失了光彩。此情此景，不胜凄楚。苦于找不到倾诉的对象，诗人最终打算将自己的无限哀思，化作悲歌一曲，洒入江水之中。相传上古伏羲氏曾命素女弹奏五十弦瑟，琴声悲切万分，伏羲喝令罢奏，素女却情不自禁，无法住手，伏羲只好把琴弦减去一半（见《汉书·郊祀志》），可知五十弦瑟的琴声过于凄苦。

张以宁专程到峨眉亭瞻仰凭吊并非偶然，因为他尤其仰慕李太白的为人，青睐李太白的诗歌。他曾说："晓读谪仙诗，夜梦谪仙人。"又说："予亦浩荡云林客，乞与飞淙洗心魄。"（见《题李太白观瀑图》）他渴望能像诗仙一样，纵横啸傲，留不朽杰作于千秋万代之后。因此，当他追索李白的足迹来到这山水之间时，禁不住感叹："异代登临悲赋客，百年沦落忆雄才。"《题采石峨眉亭》一诗体现出以宁既有缅怀李白的热情，又体现了他隐居淮南之时，那种时时产生的壮志难酬的苦痛。

张以宁《严子陵钓台》一诗："故人已乘赤龙去，君独羊裘钓月明。鲁国高名悬宇宙，汉家小吏待公卿。天回御榻星辰动，人去空台山水清。我欲长竿数千尺，坐来东海看潮生。"

严子陵为东汉开国皇帝刘秀的旧友。东汉建国后，刘秀邀请严子陵出山做官，严子陵不为名利爵位所动，予以拒绝。他仍旧穿着破皮衣在富春江边钓鱼。张以宁赞赏严子陵的淡泊处世、不愿为官的心态，对汉光武刘秀不尊重旧友、以小吏的待遇来邀请的做法表示不屑，决心要效仿孔子，隐居民间，以教化天下为己任。

留滞江淮十年，由志得意满的朝廷官吏转变为以授徒为生的民间隐士，张以宁的人生经历了彷徨困惑、寻找新出路、适应市井的心理转变。好朋友是人生的宝贵财富，特别是当遇到挫折或处于失意时尤其如此。在《送王伯纯迁葬河东序》一文中，张以宁提道：我在扬州十年，不会讨好人，性子粗疏直率，说话像竹筒倒豆子，不注意言语忌讳。仕人间经常意见不合，我不会强势压人。扬州多青年才俊，他们大都不轻视我，愿与我做朋友。但大多数人因我的粗疏与我走得不会太近，而最相知忘年交者有数人，其中一人是山西王伯纯。

王伯纯，山西人，父辈迁徙到扬州。父亲早去世，自立创业，以制售毛笔为生，制作的毛笔质量上乘，外观精美，深受扬州文人雅士推崇。经营颇为成功。王伯纯别墅位于扬州城邵伯镇。别墅内遍植绿竹数百棵，还种有梅菊松数行。园内有池塘，有"青雨亭"，有丹顶鹤仰天长鸣。书房取名石室山房，屋内藏书万卷，床前有古琴，架上有古书。之所以称为石室山房，意为怀念太行山下山西洪洞的石室山。王伯纯别墅与成廷珪（号居竹）别墅一样，都是扬州城有名的别墅，许多文人雅士都曾受邀请来访。成居竹有诗《访王伯纯晚归》：长洲苑内旧池台，白发山人恰再来。无限客愁浑忘却，小楼听雨杏花开。他喜欢读书，轻财好客，尤喜与文化人交往，与许多文人有唱和之作，是一位不可多得的商业和文化俱佳的名士。张以宁经常在他家读书，共同切磋学习心得，饮酒论诗。有时半夜睡醒，掌灯披衣，共同吟诗作对到天明，两人友情极好。两人互励互勉，文学水平都得到了很大提升。王伯纯年龄比张以宁小十多岁。王伯纯其时四十左右，年方富，飒爽英姿，谈笑儒雅。伯纯因制售毛笔，与文化人交往多，并且自身爱好学习，文学水平较高，经常参加文化人组织的雅集等活动，也成为文化圈中知名人物。张以宁就是在扬州的一次雅集上认识王伯纯的。自打认识后，两人友情极好。《王伯纯迁葬河东序》记载：张以宁与之座谈，两人交流孔子、孟子、程颐、朱熹著作的读书心得，共同诵读《史记》《檀弓》《经世》《参同》，畅论古今事，直至月亮下沉、长夜将明。空闲时间，两人赋诗饮酒，尽兴娱乐，兴未尽，有时同床共眠，聊到天亮。有时各自回房后，一人诗刚写成，就急着分享，夜半提灯，到另一人房内，唤醒起床后，继续唱和。

张以宁《次王伯纯韵》：草亭夜静三人饮，起视乾坤醉眼昏。鹤警露光悬竹叶，乌啼月色满柴门。抽毫昔对蓬莱殿，秉烛曾游桃李园。天际形容今渐老，尊前怀抱向谁论。此诗提及王伯纯是张以宁可以倾吐心思的好友。诗前小序有生动的记载："饮石室山房，醉卧。夜五鼓，鸡始鸣，明星出未高，伯纯秉烛携诗来，行简孙君拥被起，和之，相视一笑，亦人间奇事也。翠屏山人张以宁亦复倚和，共一笑云。"

张以宁《题王伯纯青雨亭》："王郎磊落奇崛之英材，气压云根万苍玉"，对王伯纯的才华进行高度评价。诗中"翠屏山人吟更狂，于此亭中几回宿。山中昔骑雪色鹿，月上青琅响茅屋。山湫蛟起雨如轴，我卧其下卷书读"，对王伯纯提供的良好读书和生活环境，表达了感激之意。诗中"王郎诵诗酌我酒，我为君歌岁寒曲"，表达了两人之间深厚的情谊。

张以宁与王伯纯还于雪夜邀请王得容、程子初在青雨亭赏雪赋诗饮酒，赞叹："亭中王郎风格奇，爱竹爱雪仍爱诗"，欣然提笔写下《夜饮醉归赠王伯纯是日王得容程子初同饮》。在张以宁决定离开扬州去大都任职后，王伯纯决定把父亲遗骸迁葬回山西老家。在《送王伯纯迁葬河东序》中，张以宁叮嘱："自兹掇巍科，摅素志"，鼓励其参加科举。王伯纯后来果然乡试中举，走上仕途。张以宁评价：别人知伯纯，不如我知之深；别人知我，不如伯纯知我深。

## 王伯纯读书别墅晨起有怀纵笔奉寄

### 张以宁

序：伯纯，河东人，寓居扬州。有别墅近邵伯镇，常读书于彼。轻财好客，谊侔古人。且才甚高，长于诗。后领河东乡荐。

数日有所思，作诗无好趣。

思君读书芳桂林，睡起题诗有新句。

谢公埭上楝花风，密叶啼莺绿如雾。

君如尘外鹤，我似书中蠹。

人生知己海内稀，纵有参差不相遇。

咫尺思君知几回，远别愚知亦良苦。

草亭新竹长，昨夜邗沟雨。

思君持酒时，心逐江潮去。

明年柳暗金河路，君马如龙鬐如组。

而今壁上好题诗，记取王郎读书处。

张以宁与王伯纯经常同游，诗词唱和，最常去的地方是蜀岗。蜀岗，又称昆冈、夹冈，在江苏省长江北岸，为黄土冈地，自六合、仪征、邗江绵亘至扬州市西北部，长四十余里。古人视其为独立山岗（《尔雅·释山》："山独曰蜀"），故名。昔扬州邗城、汉城、唐城和宋大城均坐落于此。张以宁居住在邵伯镇，离蜀岗很近，两人把这里当作后花园，经常登临赏景，留下了许多诗篇。

## 九日与王伯纯登蜀岗

张以宁

帝子楼前紫翠分，广陵秋色起氤氲。

泉涵巴蜀千年月，树入荆吴万里云。

宋玉登临仍送客，魏牟流落岂忘君。

明年五岳予真往，子有音书当远闻。

在与身边隐士朋友交往的同时，他保持着与同年进士、老师、各界好友的来往。他与同年进士、福建同乡黄清老的书信往来一直未间断，两人同时都与闽中文坛的林泉生、陈众仲、杜本、蒋易、蓝仁等保持着密切的联系，形成一致的诗文主张，为后来明初的闽中诗派的形成奠定了基础。至正五年（1345年），他听闻好友黄清老去世的消息，泪流满面，评价两人的关系为："好逾弟昆。"李谖，字孟矞，张以宁同年进士，曾任海陵县县丞。张以宁时任六合县县尹，两人任职地相邻，常有交往。张以宁滞留淮南期间，李谖进京任翰林院编修、参政、中丞等要职，张以宁与他保持着密切联系。后来进入大都后，张以宁得到他不少帮助。此外，张以宁还与不少当地文人好友保持密切联系。成廷珪，芜城人，字元常，好读书，工诗，奉母居扬州。与张以宁成为好友，两人常有诗作相赠。成廷珪园是扬州有名的文人聚会去处。园中遍植绿竹。成廷珪不求仕进，常召集文人吟咏自娱，成为扬州文化界的一面旗帜，张以宁参与其中，诗文水平得到大幅提升。好友徐君美，能诗善画，任六合县县尹后，经常就六合施政事宜请教，张以宁都能不厌其烦地提出建议。张以宁还与道佛中人也保持着密切联系，刚到扬州时，寄居道观，并在此开办学堂。任职黄岩州判官时，他与如晦上人已有较密切的往来。如晦上人到扬州游方后，经常上门交流。

虽滞留民间，但张以宁仍然关心着时政，保持着积极进取、待机而动的心态。听闻朝廷在国子监竖立进士名册碑，他对朝廷将要重用知识分子充满信心。至正五年（1345年）欧阳玄南下福建任职，途经扬州，张以宁当面向老师请教，自觉受益匪浅。至正八年（1348年）趁着回乡机会，到泉州参加诗会，为泉州诗人赵希直、钱雪界等编写诗集并作序。

这时期，朝廷为编写宋辽金三史，派出危素等一些官员到扬州搜集史料。危素在扬州游学多年，与丁复是忘年交。因此，危素与张以宁早就认识。张以宁对危素的工作予以辅助配合。曹南人李时中辞官不就，购书藏家，传之子孙。其子李敏，将若干卷宋代民间史料献给朝廷。朝廷为树立典型，召李敏进京面见史馆大学士，并接受表彰。张以宁深受感动，为鼓动大家捐赠史料，共同支持修史工作，写下《送李逊学献书史馆序》，在李敏离扬进京时又写下诗一首《送李逊学献书北上》以送别。

张以宁对修宋、辽、金三史极为关心。在修史过程中，谁为正统，各界意见纷争很强烈，约分为两派。一派主张宋辽金合纂一史，将辽金列入载记；一派主张除宋史外，再分纂辽金为北史，南宋为南史。辽金列入载记，如果在汉族统治的朝代，毫无疑问这种体例是会被采纳的，在元朝便行不通，因为元和辽金同样是以少数民族入主中原。张以宁等汉族知识分子从春秋大义、夷狄之辨出发，强烈主张以宋为正统，同年好友杨维桢为此还专门进京以《正统辨》面呈当权者。杨维桢认为，历史正统的论述应出自天命与人心之公。正统之所在，不应以割据、强梁、僭伪而定，不应仅依据承先朝续亡主为正，而应以天付生灵之主为正统。主张应以《春秋》大一统之义，以中华为主，确认宋之正统。但这一意见终未被采纳。脱脱丞相拍板定调宋辽金三史分修。

滞留江淮十年，与鸿儒硕士为友，锐志古文辞，提倡诗文复古运动，先经义后文章，经学、文学创作水平得到很大提升。一代闽诗先驱由此诞生。这些诗大多被编进了《四库全书》，为后人留下了宝贵的文化财富。苦难留下的不一定是悲伤的历史，也可能是创造辉煌的契机，它使张以宁作为经学大师、闽诗先驱的实力和地位逐步形成。同时代及后代所给予的评价，可为例证。陈南宾："读之，金石铿鸣……笔力霜余水涸，涯涘洞见矣"，陈南宾："其长篇，浩汗雄豪似李。其五七言律，浑厚老成似杜。其五言选，优柔和缓似韦，兼众体而具之。"著名文学家宋濂为其《翠屏集》作的序就对他的诗歌做了极高的评价，精辟地分析了张以宁文章丰腴、雄峭、清圆、委婉的四大特色。四库馆臣引徐泰《诗谈》，称张以宁诗"高雅俊逸，超绝畦珍，如翠屏千仞，可望而不可即"；四库馆臣对其文学成就也作出了高度评价："其文神锋隽利。稍乏浑涵深厚之气。其诗五言古体，意境清逸；七言古体，亦遒警……以宁兼以文章显，不但以《春秋》名家。"刘耕曾经专门探讨过张以宁的诗歌成就："明诗体制完备，数量丰富，独具魅力，在古诗之林中是一株枝繁叶茂的大树。其中以闽地风情为特色的诗人颇引人注目。堪称'闽诗一代开先'的张以宁诗风高雅俊逸，以其在当时的文学成就与地位，他在闽中地区的影响自然是举足轻重。"

授馆是他的主要生活来源。根据他自撰的有关文章，他辗转淮南多地授徒，到过扬州、南京、盱眙、太康等地，学生众多。最著名的当数石光霁、王钝、马琬等人。

石光霁，元明间扬州府泰州人，字仲濂。从学于张以宁，专精授《春秋》之学，能传以宁之学。洪武十三年（1380年）以明经举，授国子学正。十七年（1384年）升《春秋》博士。张以宁去世，访其遗文结集行世。现有《翠屏集》中所见的诗歌，是石光霁在淮南搜集、访购得来。他所撰写的《春秋书法钩元》，系统性地阐述了张以宁的春秋学思想，即对照周礼的吉凶军宾嘉，以及其他杂法，阐微言于大义。据刘三吾回忆，石光霁每谈起张以宁的教导，辄至声泪俱下，感情至深。石光霁自述：张以宁"宦途中厄，留滞江淮"期间，"光霁获从之游，昕夕聆诲，为益不少"。张以宁《题石生仲濂所藏李克孝竹木》："息斋之孙李公子，尽将幽意入经营。修篁石上生云气，古木山中作雨声。年来好画不忍见，岁晏故园空复情。乌巾挂在长松树，吾欲巢居逃姓名。"借题李克孝竹木图表达"岁晏故园空复情"，"吾欲巢居逃姓名"的故园巢居之情。这幅画的收藏者是石仲濂。师生的心灵是相通的。在石光霁影响下，其弟仲铭也成了张以宁学生。在《山隐记》中，张以宁对仲铭作出好评："其貌温温而习于礼也，其言恂恂而敏于学也，予嘉焉。"张以宁《江神子送医官石仲铭摄邵伯镇巡检得代》：谢公埭上绿成围，栋花飞，子规啼。簇簇弓刀，白马拥骄嘶。一树棠梨开透也，春正好，又分携。草萋萋，望中迷。衣锦归欤，家在海云西。种杏明年功又满，还捧诏，上金闺。表达出老师张以宁对学生仲铭的期望与祝福。

王钝①从学于张以宁。元末进士，为猗氏知县。洪武十年（1377年）征授礼部主事，历官福建参政，以廉慎闻。建文初拜户部尚书。由于元朝特殊的原因，出仕当官并非儒者的最佳选择，元代很多文化人选择了隐居民间，从事民间文化职业。因此，张以宁到底教出了哪些著名学生，已经无从准确考证。从《题马致远清溪晓渡图》"致远，广西宪椽，子琬，从予学"可知，元朝著名画家马琬也是以宁众多学生之一。

---

① 王钝（1336—1406），元明间河南太康人，字士鲁。

马琬①，秦淮人，洪武三年（1370年）授官抚州知府。少时就学于张以宁，后师从杨维桢。马琬于明太祖洪武三年（1370年）官抚州知府。擅画山水，远法董源、巨然和米芾，近师黄公望，画法多作浅绛，笔墨清润，构图密茂，颇负时誉。

淮南十年，他把教书育人的事业做到极致，教出元国子学博士石光霁、明户部尚书王钝这些著名徒弟，以及诸多隐居民间的文化人才，为元代淮南文化兴盛，乃至为明初培养了一批文化储备人才，业绩彪炳史册，不能不令人敬仰。

---

① 马琬，元末画家。字文璧，号鲁钝生。

# 诗画人生交谊长

　　工作之外，题诗作画，既是文人交流的方式，也是寄情山水、表达情感的方式。张以宁诗作中有大量的题画诗。题画诗，是题写于图画的诗，也包括因图画而起，写在题画外的诗。题画诗表达内容主要有三方面：一是画作景象，二是作者情感，三是诗文观点。张以宁诗集中有大量的题画诗，取材非常广泛，包括人物、山水、动物、花鸟、建筑、历史图景、宗教事件等。诗人从独特视野，进行细致的观察，运用精美的诗句表达景物和情感，达到情景的交融。张以宁精通儒、道、释思想，题画诗表达的思想深刻复杂，多具教育性、启发性。其中思乡之作也有不少。

　　张以宁《秋野图序》在论及诗画关系时说道：画与诗同一妙也。昔之善诗者必善画，自唐王摩诘诸名人皆然。不宁唯是，凡知诗者必知画。盖其人品之超迈，天机之至到，脱略于形似之粗，领略于韵趣之胜，其悠然有会于心者，固不异而同也。

　　《题吴子和山水》开头两句为点睛之笔：今代高人张师夔，茧纸画出紫阳诗。看到吴子和山水图，图上青山绿水间一孤篷老者，他想起了朱熹为家乡古田所作的《水口行舟》：昨夜扁舟雨一蓑，满江风浪夜如何？今朝试卷孤篷看，依旧青山绿树多。想起自己历经人生风浪，感慨良多。风雨总是暂时的，风浪终归会平息，青山绿水是永恒的，一切美好事物的生命力终究不可遏制。人生道路不会总是一帆风顺，只要逆流而上，搏击风雨，就能达到青山绿水的理想境界，享受胜利的乐趣。

《题李太白观瀑图》后四句：瀑飞万古匡庐山，我辈长留天地间。身骑飞鲸蹑恍惚，月明夜夜听潺湲。予亦浩荡云林客，乞与飞淙洗心魄。觉时见画独茫然，月满青山澹秋色。格局宏大，视野宽广，想象力丰富，空灵朦胧，明显的道家痕迹。

《题进士卜友曾瘦马图》（节选）：嗟哉此马世罕有，驽骀多肉空敷腴。骨格棱层神观在，颇类山泽之仙臞。解剑赎汝归，伯乐今岂无？浴之万里流，秣以百束刍。苜蓿花白春云铺，气全或比新生驹。持之西献穆天子，尚与八骏争先驱。瑶池云气浮太虚，日出积雪青禽呼，长望临风心郁纡。描述一只瘦马，曾被看轻遗弃，世人多以丰肥相马，但遇上伯乐相马，发出感慨，此马世上少有，而世人所看好的丰肥的马仅是表面好看。这首诗表达不能只重表面功夫，而要掌握客观内在规律。

在题画诗外，张以宁对文物收藏和参观建筑遗存也颇感兴趣，自然也少不了在这些领域题诗作文。我国收藏文化的起源可追溯至远古时期，对历史遗存物品的珍视和保存由来已久。同时，民间对近世遗物的收藏也蔚然成风。历经各朝各代的发展变迁，从宫廷到民间，从古代遗物到艺术精品，文化收藏家始终活跃在中国历史文化的大舞台上,不断积淀和弘扬民族精神,展现华夏文明的独特魅力。元代延续公私收藏的发展趋势。

张以宁《题宋宁宗为状元曾从龙改名遗翰其孙光溥所藏》:"以宁肃观是卷,宋家礼士之隆,曾氏祖宗文学之盛,子孙嗣守之贤,皆可见。则知睹李卫公故物而击恻者,不独韦端符也。嗟乎,后裔尚永念之。"

曾光溥,南宋宁宗朝状元曾从龙的孙子。曾光溥向张以宁出示宁宗皇帝钦赐诰令,内容主要是赞扬曾从龙的立志从学、文才出众,钦赐其改名。张以宁仔细阅读诰令,浮想联翩。他想起宋朝重视文化、厚待文士,思想界活跃,出现理学、关学、新学等,涌现出范仲淹、王安石、朱熹等标志性人物;宋词、绘画、书法、音乐等文化艺术百家纷呈,创造前所未有的灿烂文化。他想起曾从龙的文采飞扬,意气风发,想起自己空有满腹才华,却得不到重视。最后他还想起,这么珍贵的文物能得以保存,得益于光溥的精心呵护。

张以宁看到宋宁宗为状元曾从龙改名的遗翰,想起另一件事,即唐朝《李卫公故物记》。《李卫公故物记》作者是韦端符,内容是韦端符见到李靖故物,想到李靖具体的生平功业及皇家礼遇:"奉赐书一函,他物一器,出发视,有玉带一首,末为玉十有三方者,七挫两隅者,六每缀环焉。为附而固者……文帝赐书二十通,多言征讨事厚劳苦,信必威赏而已,其兵事节度皆付公,吾不从中制也。暨公疾亲诏者数四,其一曰:有昼夜视公病,大老妪令一人来,吾欲熟知公起居状。"韦端符看到这些,感叹道:君臣之际,怎么能做到如此信任无间？看完这些文物，心灵受到了冲击，玉带是珍贵的远方来物但皇上不独占，用以赐有功。文锦等物，用工非常考究，但是用于志功而不志奢靡。赐给皇子穿的衣服，那是对待臣子像朋友，对待臣子的儿子就像自己的儿子。看到征讨诏书就如看见选择将才，任命将职。看到皇上问候李靖疾病，就想到皇上念悯，对待李靖如家人。公之劳烈如是，其大固有以感之，独推期运，吾不信也。年轻时，张以宁读过韦端符所写故物记颇为不解，甚至不屑，认为韦端符太过泥古，无非是几件旧物品而已。当张以宁年过半百，历尽沧桑之后，对"君事臣以礼，臣事君以忠"这种高度信任的君臣关系是深有期盼的。

# 淮南八载此日回

至正八年（1348 年），滞留淮南八年之后，张以宁应泉州桐华诗社之邀，回福建参加诗会。他回到了阔别已久的家乡古田。张以宁回到古田的首日，即前往南岭村会友。南岭村位于古田县平湖镇东北部，距平湖镇区十八公里，毗邻甘棠、长桥等乡镇，这里是古田东北部通往县城的必经大道之一。这里古称三十都。张以宁《宿南岭书其二》一诗写道：今朝初听乡人语，八载淮南此日回。江东白酒不醉客，为渠欢喜尽残杯。此诗明确表达了张以宁与南岭黄姓开基始祖黄云龙深厚的渊源。

南岭村开基始祖黄云龙（又名黄十二）出生于元大德七年（1303年），比张以宁小两岁。黄云龙于至正五年（1345 年）由本县鹤塘迁至平湖南岭。张以宁上门看望时，好友黄云龙在南岭的新居刚落成。结婚、建厝、造坟是古代农村人的三件大事。黄云龙新建大厝，生活红红火火，两人又是久别重逢，有聊不完的话题。张以宁回乡首日即到南岭看望友人黄云龙，诗句"江东白酒不醉客"表达出他在淮南时，身在异乡，心情不畅快，喝江东白酒一直以来都不能尽兴，"为渠欢喜尽残杯"表达出他回到多年未回的家乡，见到多年未见的老友，喝上古田老酒，心情甚是高兴，酒兴之浓烈足见友情之真挚。张以宁对产自家乡的古田红酒情有独钟。在他心里，古田红曲酒自然带着家乡的温情。他了解红曲酒的发展变迁。红曲的发现和应用是宋代制曲酿酒的一个重大发展。红曲的菌种是红曲霉，它是一种耐高温、糖化能力强，又有酒精发酵力的霉菌。到明代时，李时珍的《本草纲目》和宋应星的《天工开物》都有红曲的制法和应用的记载。红曲用于酿酒以后，酒类品种大大增加，且渐渐渗透到酒文化之深层。古田红曲是妇孺皆知的国内老品牌，古田红曲糯米酒在产量上稳居全国前列。按本地方言，"糯"与"老"的母音相同，发音近似，因此将糯米酒读作容易发音的老米酒，并一直沿袭下来，再加之色调鲜红的浓厚味道，因而略称之作老酒。苏东坡酒量很小，却很喜爱饮用福建红曲酒，就曾写下"夜倾闽酒如赤丹"来形容与弟子望月对酌红曲酒的情景。而朱熹曾以"酒市"为题形容福建红酒的繁荣："闻说崇安市，家家曲米春。楼头邀上客，花底觅南郊。"回首当年，从十五岁起张以宁奉父命往宁德求学于理学大师韩信同，鹤塘是必经之路。黄云龙的家就在鹤塘镇上。其时，鹤塘镇上的千年古寺幽岩寺僧众多，香客如云，钟声梵音不绝于耳。张以宁与黄云龙在这种悠长悦耳的钟声里友谊日渐深厚，两人之后从未中断联系，因此才有了此次久别回乡之后的首日见面。

回乡后，他除了在泉州留居几个月，与桐华诗社的文友们诗词唱和外，基本上都在古田或福州两地来回走动。古田有他的家人，特别是老父亲张一清，此时已是年老迟暮需要人照顾。福州有众多青年时期的同学文友，如林泉生、林同生、吴鉴、陈德初等。有时他也到宁德、建州等周边地带访友，宁德是他青年时期求学之地，那里有众多同学，比如黄泽、韩瑕、林鹤山等。陈普、韩信同分别在建州、莆田等地书院授徒，学生众多，张以宁经常与他们进行交往。青年时期，他执弟子礼前往武夷山拜见大学者杜本，这次回来也不例外。杜本学识广博，天文、地理、律历、术数，无不通究，多次受元朝廷征招，隐居不仕。杜本的学生蒋易也是远近闻名的学士，与张以宁保持着密切的联系。这次回乡，他在福州见到青年时期的好友陈德初及其儿子陈汉臣，汉臣年届弱冠。德初见到以宁，很是欣喜，一则多年未见的好友重逢，二则儿子汉臣需要名师指点。以宁回乡后，汉臣受德初的指令，随侍以宁左右，随时请教诗词学问，诗文水平日臻成熟。此时一青年才俊进入以宁视野。林鸿，字子羽，福清人，明初"闽诗十才子"之首。此时，林鸿才十多岁，就已能诗会文，人称"神童"。难得名满淮南的大诗人张以宁回乡，机会难得，林鸿经常向以宁请教诗词学问。

　　这样平静的日子没过多久，父亲的病情急转直下，很快就撒手人寰。父亲在福州去世，以宁奉柩回古田，林鸿前来送别。林鸿写下《驱车篇送张志道奉亲柩归清潭》。

> 驱车出东门，我车已载脂。
>
> 况此苦寒月，歌此陟岵悲。
>
> 凤驾指晨星，日入不遑栖。

道路岂不遥，筋力亦云疲。

飞鸟为我吟，孤禽为我啼。

浮云结为旆，回风亦凄其。

引领望故山，丘垄何累累。

感彼首丘志，怀哉蓼莪诗。

在这之前，他的三个同父异母的哥哥已去世，他的母亲陈道真也已去世。料理父亲丧事的问题落在了他一个人的肩上。其中择地下葬是最令人头痛的事。

按阴阳家说法，选择墓地，事关子孙后代祸福。受限于众口不一或不同房系的要求，墓地不好确定，直至造成长期无法安葬。张以宁熟读程颐学说。程颐对选择墓地的看法是：古人选择好的墓地，是以土地环境的好坏来判断，不是阴阳家所谓的祸福标准，而是要讲究土地环境好，则神灵安，子孙得福。程颐所处所见，乃河南中州，风雨阴阳所交汇，土厚而水深之地，尚且验其土色之光润、草木之茂盛而择地。江南闽地，草木丛生，土地潮湿。如果不择地而葬就会陷入不良之地，如大风之穴、淤泥堆积、蚂蚁蚂蟥蝙蝠聚集之所。在这关键时刻，有人向张以宁推荐了地理先生长乐郑隐山。隐山得郭氏《葬书》真旨，本着简易精微原则而择地。避五患用土灰区隔，以诚信心选择，而不夸大其词，又合于朱子之礼。以宁的老朋友县尹郑大有，与以宁一样家境贫穷，郑隐山不计报酬帮忙选择墓地。特别是以宁另一好友蔡居仁判官去世后，余下孤儿寡母，郑隐山无偿帮助他们寻找合适墓地，很令人感动。以宁与郑隐山很投缘，认为这才是真正的明理，而不是阴阳家的玄术。在郑隐山的指导下，父亲的墓地很快得以确定，父亲得以顺利安葬，张以宁心中的一块石头终于落地。看到事情已经办妥，郑隐山前来辞行，动身前往漳州，并请留言为记。以宁尚在守制期间，本不便撰文，但因隐山先生的德行实在是令他感动，于是挥笔写下《送地理郑隐山序》。

张以宁回乡后，参与完成了家乡的一件大事。本县临川（后称临水）境，距县城三十里，有顺懿庙。顺懿庙建于唐大历年间，主祀神为陈靖姑。海上有妈祖，陆上有陈靖姑。民间传言，陈靖姑生前驱邪祛病、死后救产护胎，广受民众爱戴，为其立庙祭祀。陈靖姑信仰虽发端于八闽，但影响范围广泛，遍及大江南北。经儒家思想改造后的陈靖姑文化，御灾捍患、拯救众生疾苦、不怕磨难、敢于牺牲奉献等成为精神内核，有助于引导民众向上向善，以嘉言懿行为榜样，端正社会风气。理宗皇帝封陈靖姑为顺懿，历代统治者继之大加赐封褒奖。但到元统初年（1333 年），庙宇年久失修、殿梁圮颓、布局狭窄，顺懿庙亟需大修。虽客居在外，张以宁多次与家乡父老在信中提起修缮临水宫的事。

元朝建立后，农民反抗和起义不断。为收买人心，加强统治，道教受到追捧。元统初年（1333 年），元文宗颁旨天下，广祀四方神灵。浙东宣慰使司都元帅李允中上门谒庙祭神。在瞻仰过顺懿庙并了解陈靖姑信仰有关情况后，李允中下令要扩大顺懿庙规模，但之后不了了之。至正七年（1347年）乡人陈遂在光泽典史任期届满后，回乡候任补缺。在他的大力推动下，在魏薛典史的配合下，顺懿庙修缮工作得以启动。

以宁积极参与宣传发动工作。他一方面协助对申请加封陈靖姑的文稿进行把关，由陈遂协调运作，将报告呈送廉访使者核实，转呈福建行省批准，最后呈送中书省候签；另一方面，参与组织修缮理事会，制作宣传文告，发动大家捐款。张以宁也带头捐款。大家看到本县唯一的进士、前六合县县尹张以宁带头参与修缮工作，纷纷出钱出力。工程从至正七年（1347年）秋开始，到至正八年（1348年）春天即告结束，大功告成。

至正九年（1349年）正月，修缮一新的顺懿庙，壮丽辉煌，耀眼夺目，以全新的形象迎接四方信众。父老纷纷称赞，自有庙以来，未尝有如此盛景。大家感叹时与事合，才能有此成功。值此盛事，理应有威望人士代言。张以宁应邀写下《顺懿庙记》，成为地方经典文献。此文记载顺懿庙的历史演变、地位及影响、修缮过程，并赋诗纪念。文中，张以宁骄傲地提道：以宁唯吾闽之有神，光耀宇内，若莆之顺济，漕海之人，恃以为命，有功于国家甚大，纶音荐降，褒崇备至。今顺懿夫人，御灾捍患，应若影响，于民生有德，岂浅浅哉？

# 泉州诗会领潮流

正当张以宁在淮南声望日隆，文气大张之时，收到来自家乡福建的雅集邀请。近十年在淮南设馆授徒的同时，他专心攻读经典古籍，文学水平大幅提升。扬州又是经济文化中心，南来北往的文人雅士如过江之鲫。他在扬州的才气声望已名扬全国。泉州的桐华诗社向他伸出了橄榄枝。好久没有回乡，思乡之情始终萦绕在他心中。于是他欣然接受邀请，踏上了回乡的归途。

张以宁于元至正八年（1348 年）到达泉州。

泉州是海上丝绸之路的起点。元朝时，海运贸易发达，泉州商船往来穿梭，富商云集。这里不仅汇聚来自世界各地的物品，也是中世纪中西方文化的交会点。对此，与张以宁同时代的文人亦多有评价。吴澄[①] 在《送姜曼卿赴泉州路录事序》中写道，泉州乃"七闽之都会也。番货远物、异宝奇珍之所渊薮；殊方别域、富商巨贾之所窟宅，号为天下最"。张翥[②] 在《怀清源洞旧游》诗中记载：

---

① 吴澄（1249—1333），江西临川郡人，元朝大儒，杰出的理学家、经学家、教育家。

② 张翥（1287—1368），山西晋宁人，寓居钱塘，著名学者、诗人。

"漫漫涨海际天涯，万里乘来使者槎。紫泽重寻仙客洞，碧山长醉故侯家。人多熟酒烧藤叶，市有生蛮卖象牙。安得梦中时化蝶，翩翩飞向刺桐花。"贡师泰[①]的《泉州道中》诗云："千山落日丹霞北，万里孤城白水南。玉碗霜寒凝紫蔗，金丸露暖熟黄柑。海商到岸才封舶，蕃国朝天亦赐骖。满市珠玑醉歌舞，几人为尔竟沉酣。"

至正八年（1348 年）他在泉州看到的是一派繁荣，达官贵人、寓公名士云集。他在《桐华新稿序》中所言："温陵故文献邦，今尤为乐国，缙绅之所庐，冠带之所途。地又多名山水，能言之彦，颖然于决科外致力为诗，邑舒襟灵，蜕去尘坌。暇日辄会于城西南之隅清果寺，寓公游士，俊异咸集，僧之名者亦预焉。"张以宁在泉州看到，许多有背景有才华的人并不拘泥于科场仕途，反而追求诗词人生，陶冶性情。

所谓雅集，是以书、画、诗、文与酒为媒介的聚会，这是历代中国士人交游聚会的传统方式。元朝时，诗社聚会同样成为士人参与社会生活的重要途径。"文人之间的诗文唱和、观书读画、题跋赠序等活动，不仅可以切磋攻错，而且用以敦睦情谊。居下位者借此结纳长上，居上位者亦可示惠后进。"泉州文化鼎盛，诗人们成立了诗社，活动频繁。桐华诗社是元末泉州最有影响力的诗社之一。闲暇时，那些寓公、游士、俊杰、名僧常常相约在位于城西南的清果寺里，赋诗唱和。清果寺建于唐末，系宋代开元寺一百二十支院

---

① 贡师泰（1298—1362），安徽宣城人，著名散文家。

之一。这座历史上有名的寺院，元时式微，成为"桐华诗社"开展活动的主要场所。

桐华诗社的成员名人多、活动多，在当地社会起到了精神文化引导作用。代表性的有几位，如钱雪界，镇守泉州万户，诗人。张以宁《题赵子昂书杜少陵魏将军歌赠钱雪界万户》（节选）："丈八蛇矛石二弓，曾血鲸鲵涨海红。钱侯钱侯莫袖手，侯家带砺今元功。"展示了一位能文能武的将军形象。

蒲仲昭，蒲寿庚之兄蒲寿晟的嫡孙，与陈众仲、阮信道、王玄翰或师或友，吸取他们的长处，学业大进。蒲寿庚在宋室南逃之际，紧闭泉州城门，拒纳宋宗室，并对本地宋宗室后代进行抓捕杀戮，迎元将唆都入城。蒲寿晟为避嫌，入元朝后，隐居不仕。蒲仲昭文名显著，专心研究唐诗，做到了张以宁在《桐华新稿序》所说的"颖然于决科外致力为诗，邕舒襟灵，蜕去尘坌"。张以宁《蒲仲昭诗集序》记载："余粹温陵诸诗，得蒲仲昭氏，叹其长于问学也。蒲为泉故家，自其祖心泉公，已以故梅州守，察宋国危，遂隐身不出，读书泉上，遗诗若干卷，宋尚书刘克庄所序者具在，盖学有原委矣。仲昭既世其业，而游居于泉，以诗鸣者陈众仲氏、阮信道氏、王玄翰氏，或师或友，皆薰其所长以自益。故其诗视唐人盖善，粹然无疵，充而进之杜甫氏之域，余见其亹亹乎维日未已也。"

孙彦方，孙胜夫之孙，作为一名贵家公子，不追求功名利禄，游学研诗。孙胜夫是宋元之际泉州的风云人物之一，曾参与了以蒲寿庚为首的地方精英派叛宋降元的一系列活动，在元兵来袭前夕，他参与了闭城屠杀赵氏南外宗室及淮兵事件（景炎元年，至元十三年，1276年）；翌年，在张世杰率兵围困泉州城近三个月时，他化装潜出城外，至杭州搬来援军，迫使宋军撤退。此外，在元初的对外交流活动中，他屡次出使爪哇等南海国家，为开拓元代海外交通做出了贡献。孙胜夫因追随蒲寿庚而功成名就，死后也因曾追随蒲寿庚而遭到后人的强烈谴责，"率异族而覆主人之庙社，逼孤幼于沧波"，被视为不忠不义不孝的历史罪人。《草堂诗集序》提及："草堂孙君彦方翮翮治世之佳公子也。以左丞、参（政）壮敏公之孙、万户侯竹楼公之嫡，先世之勤劳，实在竹帛。生长贵胄，升庸计台，而能妙年养恬，屡视荣势。川游岩观，风哦月谣，清新而壮亮，雅丽而韵度，蔚乎其雾散，浩乎其涛涌，信乎材趣之卓乎天出者异也。余昔始第见其伯氏，今南雄二守彦周君于毂下。兹游温陵，始见君，获其诗，读而起敬。"

赵希直，赵宋王朝南外宗后人。张以宁在《赵希直诗集序》中表达出他十分赞赏赵希直的生活态度，在异族统治之下，选择藏书研诗，既能保全身家性命，繁衍子孙，又能获得社会和人们的尊重，光耀赵氏门楣。从赵希直身上可以看出，赵氏族人在入元后为生存而选择低调处世的人生哲学。

张以宁参与了桐华诗社聚会，欣羡这里的诗人生活稳定，远离战乱，得以自由吟咏心声。"大夫士幸得生盛时，目不睹金革事，能声于诗以自著，不自菲薄，亦犹古之道乎，治世之音乎？是宜闻于世。"他编选诗集并作序。有人建议在诗集中编入他的诗歌，为避嫌,他婉言谢绝了。"乃粹为编,自钱侯雪界以次,九十有八人,乐府暨诸诗若干首,煜乎若珠联而璧合……既成,题曰'桐华新稿',以地志也。"这本汇集了98位文人的诗文集,收录了包括钱泰义、孙长安、蒲仲昭、赵希直,以及来自各阶层文人雅士(包括名僧)的作品,华彩诗篇,珠联璧合。此外,他还分别为孙彦方的《草堂诗集》、赵希直的《赵希直诗集》和蒲仲昭的《蒲仲昭诗》作序。

在元代的泉州,孙氏、蒲氏、赵氏是不可忽视的三大家族。三大家族都有代表参加诗社,足见诗社活动影响力之大。张以宁作为扬州文化圈重要人物参加桐华诗社活动,给泉州诗坛注入了一股信心和力量。获得他的欣赏或请他为自己的诗集作序,是泉州诗人梦寐以求的,而孙彦方、赵希直、蒲仲昭能得其青睐,其才名可见一斑。

张以宁游历泉州的时间只有数月,却为当地士人指明了诗歌的发展方向。在《桐华新稿序》中,他表达了自己的诗学观点,主张士人身处盛世,应当讴歌美好时代,所谓"士之沐浴膏泽,咏歌泰和,若蛰之于雷,奋不可遏,则诗焉而复古之道也宜哉"。这也是元中后期诗坛盛况的基本体现。从《桐华新稿序》中可知,直到至正初期,泉州依然是一方乐土,权贵豪族云集,一句"温陵故文献邦,今尤为乐国,缙绅之所庐,冠带之所途",折射出元代泉州经济繁荣和文化昌盛的社会风貌。张以宁怎么也不会预料到,被视为"乐国"的泉州,十余年后,最终竟陷入长达十年的"亦思巴奚兵乱"(1357—1366年),当元朝走向灭亡,泉州港的繁荣也渐渐逝去。

在参加诗会的同时，张以宁在泉州广泛结交各界人士，特别是与当地文化人士深入开展学问交流,对年轻后辈人士进行谆谆教导。张以宁与林泉生进行了深入交流。林泉生，字清源，福州永福人。元至顺元年（1330 年）进士，授福清州同知、泉州同知，累官翰林直学士、知制诰、同修国史。张以宁在泉州时，正值林泉生到原任职地泉州交游访友。林泉生参与桐华诗社活动，两人之间的交流讲论为桐华诗社增添了不少光彩。好友吴鉴此时也在泉州。他受泉州路达鲁花赤契玉立之邀到泉州洽谈纂修《清源续志》事宜。两人就此深入交换了意见。

在泉州，张以宁经常与开元寺方丈闲极靖上人来往交流，两人对儒、释等文化有许多共同的看法，很是投缘。临别时，闲极靖上人请张以宁留言为别。张以宁作《闲极说》相赠，提及："大道难明，时光易过。急急忙忙，如救头发着火，上人不宜太闲。我也正处于奋发向上阶段，怎能有片刻闲暇？后会有期，到时试看我能到达何种高度。任重道远，唯有努力。"

李复礼，是张以宁在扬州就认识的江西抚州名士。张以宁在扬州时读过蒋师文所编的李复礼诗。到泉州时，编写《南辕稿》，发现复礼的诗愈发老成持重，如方士王方平，已不必巧作修饰。到编写《桐华稿》时，见到复礼诗作，击掌赞叹：麻姑过蔡经家，已能掷米成丹。复礼请题词，以宁欣然挥笔题词赠言。麻姑为中国古代神话中的长寿女神。江西抚州南城麻姑山是麻姑的出生地和成仙地。传说东汉桓帝时，麻姑应王方平之约，降于蔡经家，能掷米成丹珠，自谓"已见东海三次变为桑田"。王方平见之，辩解称他老了，不必如麻姑那般作"掷米成丹"这类狡狯之举。王方平修道于黄岩，麻姑过蔡经家"掷米成丹"的故事在黄岩妇孺皆知。李复礼与麻姑都是江西抚州人，麻姑的故事，他从小即耳熟能详。张以宁在编辑李复礼诗时，正值离任黄岩二十年，他经常想起黄岩的人和事，往事历历在目，张以宁对黄岩的山山水水富有感情。

方德至[①]幼时起读书不辍，熟读孔子、孟子、程颐、朱熹等人的著作。张以宁称之为莆士之文而最者。其人以道德扬名，其妻廖氏双眼失明，父母欲其别娶。德至曰："妇无失德，奈何弃之。"父母惭而止，邑人义之。

至正九年（1349 年）正月，张以宁到方德至家做客。时值方德至刚参加完科举考试，累试不中，心情不舒畅，两人在讨论着经义文章。门外有客求见，说是漳州知府张子琎派使者上门拜访。原来是去年冬天张子琎经过南安时上门与方德至见过面，当时他的身份还是一名中原江南俊杰，两人见面交谈后，很是投缘。张子琎到任后，因漳州缺额一名儒学教授，就想着延聘方德至，经报上级批准后，就派使者带着任命书和聘金急急赶来了。

使者到来后，方德至热情接待的同时，对何去何从，显得犹豫不决。刚好好友张以宁在场，两个好友间就此展开了一场推心置腹的谈话。张以宁将支持方德至去漳州任儒学训导的理由和盘托出。

---

① 方德至，泉州南安人（时属莆田），至正辛卯年（1351 年）进士，授永嘉县县丞。

**方德至**：一直听闻漳州文风不振，乡人喜功利，自己此去恐怕难有作为。自己是继续闭门读书、一意科举呢，还是前去赴任呢？

**张以宁**：以往常观察、韩延刺史、欧阳詹生、赵德氏在闽县、在潮州任教，于是这两地才出了进士。漳州是以往北溪先生教化的乡里，今年林唐臣刚刚领乡荐，郡学正是文风兴盛之时，已是昔日闽中与潮州不可比拟的。你去任职，会更好促进文风。张子琏的这次好意不仅是盛情难却，也确实体现了他对教育的重视，你去会有大作为的。

**方德至**：郡学训导官微薪资低，难有大作为。

**张以宁**：以前汉匡衡试五经科，总不及第。后专治一艺，中丙科，担任京师教授，十年内即位达尊贵。你现在去任训导，教业更精，品德更光大，才名更彰显，以后进步会比前人更大也未可知。

**方德至**：你说得太好了，我听你的，请问你对儒学训导有哪些期望呢？

**张以宁**：引导达士通人而不偏于一家之风，导引民风崇德而不汲汲于利，最低要求是教育好学生，让他们都要立好兼济天下志向、终身行道不已。你马上去赴任，别犹豫了，到漳州后代我向各位君子问好。

对话完毕，雨停了，马等在门外，两人敬酒一大杯作别。


越王台山附近之南浦东，前永春县县令真秋浦别墅所在。山间清泉哗哗，汇为清池。池水清澈，倒映月亮，微风起处，金光闪闪。

池旁有寒碧、小盘谷等十多个亭子，其中名为月波的亭子景物最佳。真秋浦是南宋参政真德秀的四世孙，他辞官后隐居在此，与林泉为伍，饮酒赋诗，不知老之将至。真秋浦去世后，随着岁月流逝，亭台倾倒，别墅毁坏。秋浦的嫡孙汝善，字长卿，少时英俊有才，长大后更是干练有才华，不忍祖父手泽湮灭，对别墅进行修缮，新建五个亭子，围上石栏杆，种上树，立上奇石，景物胜昔。汝善在园中举办诗会，邀请士人朋友饮酒赋诗留念。诗会上，大家公推以宁作序。以宁说，古人所谓远在山西的汾曲先人庐墓，是贤人要重点保护的；远在平泉的草木，是名臣指示要守护的。长卿修缮别墅之举，实在应该赞许。今后长卿在亭中游玩或是休息，看到月波两字，想到其字意所在，仰观天空，看月光普照；俯视池中，看波光倒影，由此溯源至真德秀文脉，传承他的美德，这真是大事。众口称是。于是以宁把他的话记在书简上，是为《月波亭诗序》。

第四部

大都任职

# 玉堂人诧笔如飞

至正九年（1349 年），听说国子监在广揽人才，张以宁决定到大都发展。这年冬天，他到达大都，由此开启二十年大都为宦生涯。

张以宁在大都二十年都做了什么、取得了什么成就？这得从他任职经历说起。根据《明史》及《翠屏集》等资料记载，张以宁在大都二十年，大体上前十年在国子监、后十年在翰林院任职。另据他本人两句话："予授徒明时里"，即指初到大都时，他在明时坊开门授徒，其后才受荐进入国子监任教。"两师国子"，即先后两次到国子监担任经师。合理的解释是在国子监工作途中，曾短期到翰林院任职，后又返回国子监，再之后到翰林院。

## 饱学之士的渊薮

北京国子监始建于元世祖至元二十四年（1287 年），坐落在北京安定门内国子监街（原名成贤街），与孔庙和雍和宫相邻，最早称为北平郡学，至今已有 700 多年的历史。这里是元代国家最高学府及教育行政管理机构。元代推行国子监和国子学合一的体制。

国子监是中国古代隋朝以后的中央官学，是中国历代王朝培植贵胄子弟的机构，为中国古代教育体系中的最高学府，是培养有学问、德行好之士的重要场所。国子监所需教师多为在经学方面有很深造诣的儒士，这些经师致力于深耕经学教育，扩大经学的宣传范围，改革国子监的教育模式。元代对国子监教官的选用很是重视，元仁宗曾强调，"国子监师儒之职，有才德者，虽布衣亦选用"。后来元顺帝又下诏提出新的要求："学校官选有德行学问之人以充。"在这种形势下，元代的教育系统吸引了大批德才兼备之士投身教育事业，其中京师国子监更是人才济济，从全国各地先后选聘了一大批教职员工，使教育事业得到较快的发展。张以宁能于至正九年（1349年）前后到京城国子监任职，正是受益于脱脱丞相的复出。脱脱重视儒学教育，重用汉族知识分子，恢复科举，令文化界呈现出一派欣欣向荣的景象。

虞集的《国子监学题名序》记载，国子监学是"是以孔子之道，教近侍国人子弟、公卿士大夫之子、俊秀之士"；最早设有"祭酒一员，司业二员，监丞一员，学官博士二员，助教四员，生员二十人"，其下又设有医学、天象等专门的教育研究机构。国子监祭酒职责是"掌学之教令，皆德尊望重君为之"，统领全国府、州县各级官学，国子监祭酒作为国子监学的行政官员是国家的重臣，他们除了从事教学管理工作之外，还要协助朝廷从事治理国家和安抚百姓的工作，担任皇太子的师、保、宾、赞，左右谕德，教育好皇帝的接班人，因而他们的工作直接影响到元帝国的盛衰。在其下的主要有司业、监丞、博士、助教、学正、学录等，国子监司业是祭酒的副手，国子监监丞则"专领监务"，国子监的其他职官如典簿等则具体分掌各项管理业务。国子监中的博士和助教则是教学人员，国子监中的其他学官如学正、学录则具体掌管学生的日常生活和学习纪律。元朝国子监为全国首善之学，是全国教化的榜样，大多数的国子监职官都为人正直，严于律己，恪尽职守，勤于教学，更多地培养优秀人才，以不负朝廷之望。元廷对于国子监教职员工的考核也是比较严格的，当时规定："诸蒙古、汉人国子监学官任内，验其教养出格生员多寡，以为升迁。博士教校有阙，从监察御史举之，其不称职者黜之，坐及元举之官。"

张以宁到国子监后，先后经历了国子监助教、博士、司业、祭酒等职务。后到翰林院任翰林院待制、翰林院侍讲学士。任职期间，张以宁勤勉敬业，讲经国子监，制诰翰林院，笔耕不辍，"四十余年金榜客，玉堂人诧笔如飞"。其所撰的文章、诗词等被后人汇编成《翠屏集》，并于清乾隆年间被收录进《四库全书》，现存的诗文作品，其中诗 385 首，词 2 首，赋 1 篇，联 1 副，文 100 篇，共 13 万多字被收录入《四库全书》，在《四库全书》中亦属罕见。其诗被誉为明初三大家。编者言：所采文字皆有益于世道人心、导人向善。在此期间，欧阳玄、揭奚斯、虞集等一批宿儒先后去世，翰林院内饱学之士所剩无几，张以宁很快脱颖而出，声名大噪。因时任翰林承旨的张翥年长且位高，为以示区别，人呼张以宁为"小张学士"。张翥 ① 少时家居江南，豪放不羁，好蹴鞠，喜音乐。后从学于李存、仇远，以诗闻名。顺帝至正初年（1341 年），召为国子助教，寻退居。至正三年（1343 年）修辽、金、元三史，起为翰林编修，史成，升礼仪院判官。累迁河南平章政事，以翰林承旨致仕。为诗格调甚高，词尤婉丽风流。有《蜕庵集》。其后半生基本在大都翰林院任职，成为大都诗坛的核心人物。

　　张翥有一段时间在扬州生活。元统元年（1333 年），张翥四十七岁，被举荐为金陵郡博士。寓居金陵期间，与李孝光、丁仲容等遍游金陵。至元二年（1336 年）前后，张翥隐居扬州，流连数年，遍游扬州蜀岗、雷塘、邗沟等地，与成廷珪、王克纯等唱和。因丁复、成廷珪等扬州文人朋友圈，张以宁结识张翥。其后，张以宁与张翥同在翰林院共事多年，张翥在政务与诗文成就上属张以宁上级和前辈，人称张翥为"张学士"、称张以宁为"小张学士"。两人间常有诗词酬唱，张翥对张以宁诗文水平提升帮助很大。张以宁《次韵张祭酒新春诗》（节选）："吾宗祭酒金銮客，多谢新诗细与论"，对张翥与他讨论新诗表示感谢。张以宁与张翥共同在扬州生活过，两人在大都翰林院经常谈起扬州的人和事，共同追忆在扬州参加雅集，与隐士朋友们畅快淋漓地赋诗饮酒、坐船游览的日子。这种自由自在、快乐开怀的日子是在翰林院撰写论文、寂坐冷署所比不过的。张以宁的《次张祭酒虚游轩雨后即事韵并忆扬州旧游》记载：

---

① 张翥（1287—1368），晋宁人，字仲举，号蜕庵。

其一"墙角红葵一丈开，鹁鸠声断雨声来。雨鸣竹屋诗新就，日度花砖梦恰回。露蔓蜗行经午湿，风枝蝉语近秋哀。虚游轩里凉如水，自玩春秋著玉杯"。其二"百年何处好怀开，忆在扬州几醉来。落日放船穿柳过，微风欹帽看花回。即今尽减尊前兴，忆旧宁堪笛里哀。一笑广文宫饭窄，论文那得酒盈杯"。

江存礼①于元朝泰定三年（1326 年）参加湖广乡试，取中第十八名举人。第二年（泰定四年三月）在京城会试后参加三年一次的殿试，登进士第。进士及第后，江存礼任茶陵州同知，调任国子监。石光霁在洪武三年（1370 年）刻诗选中称"江学庭与张以宁、黄子肃诸老俱有声当代"。《元史》记载，"其文章、事业并为时所推重，后进之士仰之如泰山北斗"。张以宁与他是同年进士，后又成为国子监学同事。张以宁与江存礼长期共事，与其弟也成为朋友。张以宁《送同年江学庭弟学文归建昌》：白发江夫子，青云信独稀。故人长北望，令弟又南归。庭树乌先喜，江帆雁共飞。东湖春柳色，到日上君衣。诗中提及江存礼在大都寂寞思归的心绪。

国子监学的生活也有快乐充实的一面。潘述古是其同事，其时任国子监学博士。张以宁《次韵成均春日答潘述古博士》："芳时雨露被恩荣，六馆英游五百生。揖退花边分佩响，讲馀松外度钟鸣。风微高阁牙签动，日静深帘绿绮横。多羡材名潘骑省，题诗纸贵满春城。"诗中提及，当时国子监学分为六馆，共有学生五百多人。

---

① 江存礼（1299—?），字学庭，湖北蒲圻人，祖籍江西建昌府南城县。

学生们在微风明净的阁楼里读书，学习环境安静典雅。讲学之外，师生悠游松林中，衣服上的玉器叮当作响。诗中还赞扬潘述古诗作水平高，名满天下。

陈彦博，闽县人，左丞成遵的幕僚，时任翰林编修。张以宁与陈彦博之父是相交三十多年的老朋友。陈彦博为人忠肝义胆，元至正元年（1341 年），陈彦博、卢琦随卢师余子贤前往浙省乡试，师半途病故。陈彦博与卢琦不顾试期，经纪其丧以归。张以宁对陈彦博的文章才华大加赞赏，张以宁《送陈彦博编修归省其一》：

> 紫薇老人积素翁，有客毫端飞绛虹。
> 长吟北征窥杜子，忽跨东海逐任公。
> 高风祈水波浪白，初日抟桑天地红。
> 锦袍独酌金鳌顶，笑睨一粟浮杯中。

在陈彦博即将回乡省亲之际，张以宁想起与陈父三十年交友往事，同时感慨多年未回到魂牵梦萦的故乡，想起家乡的亲人，真令他肝肠寸断。张以宁《送陈彦博编修归者其二》：

> 我家神山海上头，昔交先公三十秋。
> 几年不归父老忆，万里复送郎君游。
> 白鱼青笋上亲寿，紫蟹黄花销客愁。
> 明年老夫亦东耳，草堂小结并沧洲。

马彦鞞、周子英学士，张以宁的翰林同事。张以宁《元日早朝次马彦鞞学士韵其一》：鸡竿红日出晴霄，鹭序青春入早朝。治典新悬周象魏，颂声尽入舜箫韶。称觞冢宰容多喜，执玉藩侯礼不骄。今代总戎功业盛，承恩皆插侍中貂。诗中描述了上朝的情景：晴日的早晨，大臣们精神焕发，排成队伍，有序入朝。宫廷奏乐，山呼万岁，仪典隆重。朝中重臣面露喜色，受封的藩臣执礼不骄，武将们功业彪炳，受旨着朝服列班上朝。张以宁《元日早朝次马彦鞞学士韵其二》：

> 玉堂学士步青霄，金榜英名重圣朝。
> 身近清光依帝座，手裁妙曲和仙韶。
> 柳沟黄动莺先喜，麦苑青回雉渐骄。
> 新岁时平词馆好，客来呼酒费金貂。

诗中表达了在翰林院国子监任职时的骄傲和欣赏之情。翰林学士名誉地位高，受到朝廷重用，日常办公办事与皇帝联系密切。学士们知道事关重大，乐于和善于做好文章礼教等事。岁月承平，工作环境好，偶尔来客时，还可以喝上几杯。

张以宁《和周子英进讲诗韵》：宣文阁下仗初移，讲彻鸡人报午时。风细芸香飘紫殿，日高花影覆彤墀。儒臣有戒陈忠荩，圣主无为宝俭慈。薇幕上宾工补衮，垂绅早入凤凰池。诗中描述皇帝亲临宣文阁举办经筵听讲，即帝王为讲论经史而特设的御前讲席。

置讲官以翰林院学士或其他官员兼任。一般以每年二月至端午，八月至冬至为讲期，逢单日入侍，轮流进讲。进讲的儒臣尽忠献策，皇帝虚心听取。

学习是修身的第一要义，古往今来历代大儒从来都重视学习。张以宁也是如此，在国子监或翰林院，他始终把学习放在首位。他经常撰文谈如何加强学习。《潞阳会文序》：学习贵在清静，不静则智虑不明。从业贵在专一，不专则志气消减。要能达成切磋提升、潜移默化之功效，非得靠朋友不行。居所清静，从业专一，良友为伴，那么业务就精通，学习就不成难事了……我观察崔彬你所学内容，以进士考试为主。古代人所学内容不止如此。本朝以来，设置学习科目，以程颐、朱子学说为主。这并不代表希望学生只停留于学习这些内容。目前产生的学习偏颇和不足问题，是有原因的，希望你不仅学好进士科，而且要进一步向全面学习迈进。希望你借鉴古人静而专的学习法。

他指出学习的多重境界。子曰：学而时习之，不亦说乎？有朋自远方来，不亦乐乎？指出了自主学习导致的内心喜悦与朋友交流的外在快乐相统一。张以宁指出了苦学境界，见《苦学斋记》：危素先生学有所成，出仕盛治之朝，知遇于君相，位达辅弼之臣，集中四海之士的智慧，比"有朋自远方来"的快乐高出不知多少，实无愧为"得天下英才而教之"的快乐。先生原有命名书斋为"说学斋"，大家都认为是自谦。今天又改书斋名为"苦学斋"，大家认为先生更谦虚了。但依我之见，先生固是谦虚，但非假意谦虚。以前孔子称赞颜子，"对我指出的道理，他很是心悦诚服"，"不因物质困难，而改变求知的快乐"。由学习的喜悦而产生的志道不改的快乐，扬雄说："颜回苦于孔子之道的伟大"，即是说颜回认为孔子之道实在伟大，是一座不可企及的高峰，立志终生向孔子学习。了解孔子的伟大，则内心安泰。内心安泰了，就会淡然面对生活上的困难。这就是颜子之乐。当学习达到"欲罢不能""竭尽所能"时，我们也会体会到这种快乐。越接近越显得有差距，非用全力不可。用了全力还是达不到，怎么会不感到苦呢？不仅颜回是这样，古代圣贤之人诚惶诚恐、兢兢业业、忧患自律、反省自勉，没有一丝一毫敢骄纵恣肆。越了解道的伟大，越是细心学习。释与道非不知此理，却说："我静我快乐""我作逍遥游"，而骄矜奢侈，无底线无原则。此种行为，君子不学。先生即是认识到这一点，而提出"苦学"，不是假意自谦而强作苦态。

## 诲人不倦的大儒

中华优秀传统文化已经成为中华民族的基因，植根在中国人内心，潜移默化影响着中国人的思想方式和行为方式。崇德尚义、群体意识、文化自觉、自强不息、持守中道、天人合一、大一统思想等成为中华文化价值体系的重要内容。作为理学大师朱熹的第五代传人、闽东理学名师韩信同的学生，张以宁是一名著名的经学家，不仅学经、释经，还自觉承担起了明经传道、思想教育的使命，张以宁的许多文章都体现出传统知识分子的"立言"。

张以宁对宣传和弘扬文脉不遗余力。儒家、道家等诸子百家及其代表人物是中华文化源远流长的支撑和标志。同时地方文化及其人物，是中华文脉的支流，最终汇成中华文化这一大海，百川归海。张以宁好友胡太常之子胡瑜，耻于屈就方国珍幕府，泛海上京师，以流寓身份举乡贡。一日，请以宁为其存稿作序。以宁为之述理学源流："'六经'之文为至善至美之文。'六经'之后，韩愈之文、杜甫之诗，善论者以圣称之。周敦颐、程颐写诗作文，简明扼要，富有深意，意境可与《论语》《雅》《颂》媲美。只重辞章的人，无法看到大道之美。为诗为文，重在温柔敦厚。"同时又提及金华地方文化源流："婺为郡儒先东莱吕成公之里，近何、王、金、许氏，得勉斋黄公之传于徽国朱文公者，以经学教于乡。及学士黄、待制柳公诸贤辈出，又以辞章仕于朝，而故太常博士古愚胡君实同一时，后先倡和，其源流之所自盖可睹矣。"

浦城徐宗度，因公差来京师，出以《经世明道集》。应徐宗度之邀请，张以宁写下《经世明道集序》，强调指出徐宗度与真德秀同乡，学真德秀之学，值得肯定。赞赏《经世明道集》因正宗而增广，指出集选内容从武王誓师起，终于周、程、朱之说，精粗不遗，取舍谨慎。真德秀（1178—1235），建宁府浦城县（今福建省浦城县仙阳镇）人。南宋后期理学家、名臣。早年受教于朱熹的弟子詹体仁。学术上，以朱熹为宗，成为理学正宗传人，与魏了翁齐名，开创"西山真氏学派"，在确立理学正统地位的过程中发挥了重大作用。所修《大学衍义》，成为元、明、清三代必读之书。著有《西山文集》，传于世。

　　沈元素，古田人氏，张以宁在古田的文脉传人。沈元素由故乡古田被选入国子监，成为监生。张以宁在大都多年，归乡不得，见到沈元素，其乡音乡情，油然而生一种天然的亲切感。张以宁对沈元素学业上倾力传授，生活上给予无微不至的关心。当时，由于元朝对佛教的崇奉，因沈元素能写得一手好字而被朝廷看中，让他用泥金去抄写佛经。任务完成后，沈元素被授予福州府教授，让他回闽任职。但此时元朝廷已风雨飘摇，沈元素便谢职而归。元朝灭亡后，明洪武初年（1368 年），沈元素被授官，任古田学训（训导）。沈元素在任职期间，"创立学舍，师道甚严，造就书生，皆有成绩"。由于他治绩突出，被不断擢升，官至按察佥事。沈元素不仅以官名，更以艺显。他是个艺术全才，书、篆、琴、画皆工，《钦定四库全书御定佩文斋书画谱四十·书家传十九》及《钦定古今图书集成·画部名流列传》也都有其名入传。明万历版《古田县志》将沈元素的事迹列入《名宦传》，和老师张以宁待遇相同，其神位也入祀古田名宦祠。

　　张以宁大力倡导士人应以天下为己任。杭州沙子中是张以宁同年生人，其子善才、善庆在至正壬辰（1352 年）双双中进士。杭州把沙子中所居之山"螺蛳"更名为"联桂"，沙子中于是把所居之室定名为"联桂堂"，请张以宁作记。张以宁写下《联桂堂记》：我听说屈原作离骚，以香草比君子，把桂花和兰花放在首位，桂树象征美好，孤芳自立，像君子特立独行，名节垂芳千载，不与草木同腐，值得效仿。我朝设科取士，目的是选拔出范公之类豪杰。范仲淹之所以名垂青史，无他，先天下之忧而忧，后天下之乐而乐。古代君子于此真用心啊！本朝科举取士，目的是网罗天下英雄豪杰。而天下豪杰争以此途龙门一跃。自从兵兴，立功立气节扭转时运人士，多从科举中涌现。

长乐郑伯钧入学国子监。伯钧祖上仕族，居于长乐紫薇山下。因厌恶世俗，甘当隐士，耕读传家。张以宁感叹吾闽乃中州衣冠南渡之后裔，号称海滨邹鲁。唐宋时，达官仕人辈出，在东南地区为最，为什么读书入仕在当今寥若晨星呢？难道是世道轮回，以往人才辈出，今日变少吗？或者闽地物产丰富，生活安逸，人多不愿外出为官吗？在郑伯钧得以授官，将要回乡任闽清主簿之际，张以宁希望伯钧能为国家引荐人才，让闽地人才施展才干。

廷议在京郊便近，开辟水田。太康曹德辅，是张以宁在扬州时的学生。张以宁对他很赏识。德辅到京师，经常来以宁处请教学问。获知被授予真州判官后，不太高兴。张以宁劝其应以济世自任，不以管理田亩耕种不乐。他分析道，天下以粮为本，周朝强盛，正是因为播种百谷。德辅欣然接受任命，前往任职。

张以宁强调世人要大行务实之风。《虚斋记》：易通所谓静虚动直，易赞所谓："理实而事虚，用有而体无"，此古之所谓内圣外王之学，儒家作为修齐治平之法。自玄学兴盛而道学沦丧，道学家忌讳玄虚，顾虑言语玄虚而弊病百生。如真能体会，何弊之有。学须静，学斋是静学之地。我知道傅子通学习周、程、朱，知易经，不拘泥于言辞，仕优而学，将以修齐治平大用于世。我要指责那些拘泥于言辞，而不得其要领的人士，这些人为数不少。

张以宁与河南濮阳西夏内迁后裔杨崇喜（又名唐兀崇喜）交往甚密，并撰写了《述善集序》《崇义书院记》《书唐兀敬贤孝感后序》《送杨象贤归澶渊序》等，讲述了杨崇喜家族的善行，并以此教导民众行仁义孝悌。

从中我们可知，杨氏家族非常重视儒学，自第一代闾马移居濮阳开始，子孙三代相继筹建义学。元至正十三年（1353年），义学终于落成，并置学田五余亩，聘请唐兀伯都任教，学生超过50人。闾马曾经说："宁得子孙贤，莫求家道富。"杨崇喜等三世的积累，兴办义学，始终不曾废弃，最终完成了兴建书院的宏志。杨崇喜于红巾军起义爆发后，为国家奉献500石粮食、1万束草料，不求名爵，只求赐"崇义书院"为号，并得到中书礼部的行文嘉奖。由此，崇义书院聘请大儒教授礼、乐、射、御、书、数六艺，广传忠、孝、礼、义、信，为后世传扬。

杨氏以忠孝节悌为立身之本，唐兀象贤曾拜谒魏郡（元代元城，今河北大名东）郡长。郡长询问他家里双亲及弟敬贤，象贤恭敬而谦逊地回答："双亲身体健康，弟弟孝敬双亲毕恭毕敬，因此崇喜才能诵读诗书，长久地侍奉在您身旁，这都是弟弟敬贤的功劳啊！"

崇喜的父亲去世时，有强盗寇贼两百人包围了他家宅第，崇喜将母亲在别处安置妥当，家里的其他人都逃难去了，崇喜独自守护父亲的灵柩，用身体保护它。盗贼抢了家里所有的良马，离开时对崇喜说:"您是大孝子,我们不敢侵犯您。"有人对此非议,认为杨崇喜曾为百夫长,应该力抗盗匪。张以宁赞同崇喜的做法,认为安顿母亲是首要责任,反对"不量力且斗,斗且死""无死而死、伤勇而害义"。

张以宁写给西夏遗民杨崇喜的一系列文章,弘扬忠、孝、礼、义、信,为后世杨氏子孙及华夏儿女做典范,也为各少数民族融入中华民族提供了可靠史料,是中华传统文化长河中的一抹绚丽色彩。

在国子监工作期间,张以宁培养了一批批学生,为元末明初文化传承、政治建设等输送了大量人才,比如好友胡古愈之子胡季诚、长乐人郑伯钧、古田人沈元素等。

## 勠力危局的文臣

元末民族矛盾激化,土地兼并严重,治理黄河赋役沉重,官僚层层盘剥,农民不堪忍受压榨。祸不单行,其时水旱蝗灾不断,农民衣食无着,起义风起云涌。张以宁到达大都任职的第四个年头,即至正十二年(1352年),元末红巾军大起义爆发。

元帝国内部乱象频生。元顺帝少年时也曾立志要富国安民,但后来因遭受权臣擅政、派系内斗、军阀自立等一系列打击,逐渐对政治失去热情,沉迷于制造喷火船、天魔舞等宫廷糜烂生活。太子青春热血,有心干一番事业,但受皇帝掣肘,同时元勋派不买账不支持,太子指令难以在军阀元老中执行。太监朴不花,与奇皇后同乡并长期侍奉在侧,得到奇皇后和太子重用,但在至正二十年(1360

年）太平左丞相辞职后，与右丞相搠思监串通一气，蒙蔽皇帝，权焰熏天，大臣大多阿附之，太平太傅被其假传圣旨赐死。孛罗帖木儿在镇压红巾军中功劳突出，势力坐大，不听号令，与太子渐渐反目，将朴不花、搠思监、脱欢等诛灭，并进占京师、赶走太子、强娶公主，为所欲为。

张以宁任翰林待制、翰林侍讲期间，花大量时间了解时势，广泛交往各界有识之士，对政治经济形势做深入的调查研究，并提出大量富国安民的对策建议。翰林学士的主要工作内容是充当经筵讲读、拟写诰令、接受皇帝咨询问政等，参与国策研商。元顺帝一向崇尚儒学，对张以宁的学识为人很欣赏。针对变乱危局，元朝廷尽力调整政策，采用张以宁等儒士提出的一些主张，即尊崇儒术、赈灾抚民、招安义军、屯兵于农等。一次，元顺帝拟在上都营建土木、打算迁都，陈祖仁、李国凤等台臣以财力空虚、民力疲惫等理由，大力进谏，予以阻止。又有一次，在张以宁的鼓励支持下，国学生欧阳复叩殿上书，力陈当世时弊，提出救弊十策，皇帝下旨予以嘉奖、赐酒慰劳。为解决粮食短缺，张以宁等建议在天津、河北等地开垦荒田、滩涂。但因君昏臣暗，忠臣良将的建议大都未能得到采纳。对于军阀的策略调整，文臣们建议改变原先以打击军阀为重点而转为对付明军等，朝廷未予采纳。张以宁等一帮文臣武将尽力辅政，匡正时弊，苦撑危局。纵观元史，虽然张以宁等忠臣良将在元末衰亡乱象中发挥了一些作用，呈现出了一番异彩，但终是无法挽回元帝国衰亡的命运。元朝就像黄昏的夕阳渐渐落下了。

## 结交友好人士

元朝疆域极大拓展，不同民族间融合交流更加密切。张以宁立身于朝廷，与异族人士交流更加频繁。元朝廷内部，蒙古人色目人把持重要权力，占主导地位，汉人处于权力边缘。一些蒙古人飞扬跋扈，颐指气使，欺压汉族官员。同时，也有一些蒙古人友好对待汉人。难能可贵的是，张以宁结交到一些志同道合的异族好友。《和拜明善韵并序》《次翰林都事拜住春日见寄韵》《马易之金台集序》《过观州悼阿仲深状元》《送三人杰都事开诏福建》《送帖金宪赴山北》《送完者金宪赴江东》《送思齐贤调浙东掾》《送铁元刚检归三山》等诗文，生动阐述了以宁与非汉族朋友间的深厚情谊。其中最具有代表性的有拜明善和马易之。

拜住，逊都思氏，字明善，蒙古族。元至正二年（1342年）右榜状元，授承务郎，历任兵部员外郎、南台御史、山东肃政廉访金事、翰林待制，官至枢密副使。拜住曾为国子监学生，著名文人黄溍弟子，善书。《济南金石志》载其《加封孔子诰并记》，《崇雅堂碑录》有其《黄州路刘侯兴学碑》存世。惠安进士卢琦的父亲去世后，礼请寓居泉州的名儒吴鉴撰写了《故前村居士卢公墓志铭》，并邀请当时在福建出巡监察的拜住书丹，闽海道肃政廉访司金事赵承禧篆额。元朝覆灭后，他跟随元朝皇帝北逃，后被朝鲜俘虏，入仕高丽，改名韩复。

《翰林都事喀喇拜君文善以贵介之胃嗜学攻诗与寒士角其能岁

嘉平月十八日文善携二诗过予明时里之寓轩时雪新霁微月在空诵诗
再三过命酒四五行翛然觉人世尘土俱空因念天壤间清致喜不可多遇
昔人有月夜泛渚雪夜访戴者不知视今兹为何如也遂次韵为四首备他
日佳话云》即是张以宁与拜明善的友好见证。

刚到大都时，张以宁寓居明时里授徒。因新到大都，除同年进
士外，来往的人不多。拜明善因与张以宁有共同的志趣爱好，常来
寓所看望。一次，大雪刚停，皓月当空，周围清静，明善带了两首诗来，
两人温了些酒，唱和对诗，顿觉天籁清新，心境澄明，友情和知音
的感觉使人倍感温暖。

迺贤①，葛逻禄氏，元代南阳路郏县人，著名诗人和书法家。"葛
逻禄"汉语意为马，故又名马易之。迺贤的先祖葛逻禄·哈剌与回
纥等西域部族成为蒙古大军的前驱，随之进入中原。哈剌历任庆元
路达鲁花赤、沿海上万户达鲁花赤、浙东宣慰使。葛逻禄·迺贤在
郏县出生并度过少年时期，后随其兄长塔海迁居先祖哈剌任职地庆
元路，在明州的鄞县（今属浙江宁波市）定居。移居鄞县不久，即
元延祐五年（1318 年）塔海进士及第，迺贤刚好十岁。

迺贤有着西域民族的血脉，又认同汉文化，拜浙东名儒高岳、
郑真为师学习汉文化。元代视葛逻禄为色目人，仕宦受到限制，迺
贤官至国史院编修。至正二十四年（1364 年）入闽代祀海渎山岳，
祀南镇南岳南海，走访民间疾苦。就此次行程，林唐臣作有《马翰

① 迺贤，生于 1309 年，字易之，合鲁氏或葛逻禄氏，哈萨克族后裔，今
回族的一支。

林易之使归序》。他的新诗"每一篇出，士大夫皆传诵之"，有元一代文章宗师虞集、欧阳玄等为之题跋作序。其《金台集》《河朔访古记》被收入《四库全书》。迺贤的书法也卓然成家。

张以宁与马易之来往多年，两人有共同的志趣爱好。马易之集多年心血，编成诗文集《金台集》，请张以宁作序。序文记载："予识易之于京师逾十五年，及睹易之游两都、历邓郏而归吴越。其之官，绝巨海而北上；使出使，凌长河而南迈。其游览壮而练习多，予知其诗雄伟而浑涵，沉郁而顿挫，言若尽而意有余，盖将进于杜氏也乎？"可见张以宁与马易之交往密切，了解颇深。张以宁在序中对马易之诗文作了高度肯定：葛逻禄氏马君易之以诗闻今世，予得其《金台集》而读之，五言短篇流丽而妥适，七言长句充畅而条达，近体五七言精缜而华润，皆欲追大历、贞元诸子之为者。而《颍川老翁》《新乡媪》《芒山》《巢湖》《新堤谣》诸篇，又以白傅之丰赡而寓之张籍之质古，不浅而易，不深而僻，盖学诸唐人而有自得其得焉者矣。

## 为官清正廉洁

张以宁一生立志"兼善天下"，为官清正廉洁。《明史》称其"为人洁清，不营财产，奉使往还袱被之外无他物"。《四库全书·史部》评价他："清洁自守，所居潇然，未尝营财产。"张以宁《送地理郑隐山序》："予家以仕而贫。"张以宁一生为官，一世清廉。这在封建社会是个奇特现象，与世俗的"当官发财"尖锐对立。"以仕而贫"是他清廉为官的实践总结和发自内心的慨叹。

相对宋、金两朝，元代官员的俸禄是比较低的。从至正十二年（1352 年）发生红巾军大起义开始，农民起义此起彼伏，国家财政极端困难，滥发纸钞、通货膨胀、币值低落，甚至降薪，更带给他们生活的窘迫。据《元史》记载，张以宁在京期间，大都发生两次大饥荒，甚至发展到人吃人的悲惨境地。张以宁此时的生活，极端清贫，其子张烜在饥病交加中去世。张以宁的《祭酒江先生见和再次前韵》可为证：青春深院梧桐暗，红日高盘首蓿横。

元代国子监职官的俸禄在当时社会是处在低水平标准上的，据《元史·食货志》载，元代国子监监官、学官的俸禄为：祭酒钱五十九贯三钱三分，米六石；司业钱三十九贯三钱三分，米三石五斗；监丞钱三十贯三钱三分，米三石；典簿钱一十五贯三钱三分，米二石；博士钱二十六贯六钱六分，米二石五斗；助教钱二十二贯，米二石；学录钱一十一贯三钱三分，米五斗。当时，国子监助教张翥曾给助教段天祐写了一首诗，生动再现了那段清贫难挨的时光：雪寒浑未解，风力更狂吹。强饭怜君瘦，重裘觉我衰。酒香红面颊，灯影黑须眉。黄鹤山中地，求田已有期。张翥的另一首诗《寄韩文玙与玉》（节选）中写道：京国岁寒稀雨雪，江淮兵久尚风尘。乡书屡绝亲知远，官俸常空仆马贫。这首诗反映出工资经常发不出。

国子监俸禄收入在当时的社会已经属于不高了，与其他朝廷官员相比更是处于下风口。好在元朝国子监教官的待遇分为三部分，除了朝廷俸禄，还有学生供奉的"束脩"，当然这主要限于国子监学的学官；再就是朝廷提供免费的膳食，也在不同程度上减轻了他们的负担。但张以宁清廉自守，拒绝了许多富家子弟馈赠的礼物，比其他同僚在经济上更显得窘迫和拮据。

张以宁"以仕而贫"，官居二品却家徒四壁，具体表现在下面几个方面。

其一，住房简陋。以宁清洁自守，所居萧然，未尝营财产。其奉使也，襆被而往。"所居萧然"说明其家萧条冷落，无房产可言。张以宁家在古田旧城大溪头的东塔村，张以宁所居仍是祖上留传下来的老房子，相当简陋，他在诗文中常称之为"茅屋""竹扉""白柴扉"等。诗句中常有这样的描述："敝庐荒垄狐兔盈，每一念至几无生"（《别胡长之》）；"我家溪上白柴扉""兵后故庐悲茂草"（《立冬舟中即事》）；"茅屋荒苔绿满庭"（《次韵廉公亮承旨夏日即事》之六）等，残破景象，十分悲凉。

其二，没什么田产。他在《题安仲华秀实卷》中写道："我有石田南涧浔，十年不归秋草深。""石田"，即贫瘠的山田。如果是肥沃的农田，自己无力耕种，完全可以租给人家，收些租粮回来。但他家是没有多少耕作价值的薄地，只好让它长满野草。

其三，个人生活清苦。祖上没有留下财产，故"少贫苦"。他流落江淮十年期间，靠设馆授徒糊口。后来入京师进国子监、翰林院，"旅食而虖吟，盖茕茕垂十载矣。"（张以宁《送郑伯钧序》）"旅食"即客居，食用平民百姓的粗疏食物。张以宁作于翰林院时的诗《祭酒江先生见和再次前韵》云："青春深院梧桐暗，红日高盘苜蓿横。"

比喻自己像唐代薛令之一样清苦,常食用可充蔬菜的草本植物苜蓿。"其奉使也,襆被而往。"连出使安南,衣被也只用包袱裹着,行装寒酸。临终之际,作《自挽》诗云:"覆身粗有黔娄被,垂橐都无陆贾金",谓自己像战国时齐国贤士黔娄那样,死后因家贫如洗,只有一条破被遮身。出使安南却没像西汉政治家陆贾受刘邦指派出使南越(今越南)积得千金而归那样,自己一尘不染,囊橐空空。

其四,未能为父母安葬。三个兄长无禄早逝,中年丧母,知天命之年父亲亡故。因家贫,父母的棺木只是寄圹草埋。在他守制之时,恰遇上重义轻财的风水先生郑隐山,郑隐山不嫌贫穷,义务为其择地,使张以宁铭感在心。他尚在守孝期间,便为郑隐山的行卷作序,感激郑隐山的大义。墓地虽择定,却未能让父母入土为安。到临死那一天,他还吟出"慈亲蒿葬痛尤深"的诗句,这位孝子是带着遗憾离世的。

其五,他的坟墓也很简陋。虽然敕令归葬故里,但由于家贫,张以宁的坟墓相当简陋,明福州诗人徐𤊺《吊张以宁墓》有句云:"城里青山古冢卑",可为佐证。1958年古田旧城搬迁时,东塔张氏后人于冬至日到城西北下马亭处迁墓,开棺所见除骸骨外,只有一条铜腰带和一些衣服,没有任何随葬品。

其六,生时,"稚子啼饥忧未艾"(《自挽》);死后,子孙亦不富裕。张以宁去世后,朱元璋给三年俸禄以赡其家,这也说明他家的廉贫。后,子煜,以明经举湖广蒲圻县。子炬,以才荐任江西新淦知县,官至刑部员外郎。孙埏,煜之子,任南雄保昌儒学训导,更名隆。家境才有所改善。

这些都充分表现了张以宁的贫穷与清廉。

廉洁自律是对原则的坚持。其原则包括恪守规矩，遵循既定的规章制度。张以宁廉洁自律人格形成的原因很多，主要有以下几个方面。

继承祖德家风。张以宁的祖父、父亲都从事儒业，以读书报国为己任，对金钱看得不重。家业传到张以宁手上，仅一座旧木屋几亩薄田而已，张以宁自幼接受庭训，伯祖张疆清廉的风范对他有深刻的影响，他后来为官，自然能效法先辈，恪守廉风。

接受儒学熏陶。他精通《春秋》，熟悉《春秋》中许多仁政廉洁的理论（如子罕"以廉为宝"等），因而，他始终铭记并践行儒家礼义廉耻的道德标准，恪守清廉的原则，"此身元不为轻肥"（《立冬舟中即事其二》）也。张以宁说："夫范公所以垂千载者，匪他焉，亦曰'先天下之忧而忧，后天下之乐而乐'。古之君子之用心焉耳矣……士之生世，荣悴尽于百年，而芳秽垂于终古。"（《联桂堂记》）奉"先天下之忧而忧，后天下之乐而乐"为人生信条，故能成为"闽之先辈君子"，为当时尊尚。

儒家道德的礼义廉耻孝悌忠信，他能谨记且在行为上自觉地以之约束自己。他认为为言之道在于《大学》中的"止于至善"。他在《知止斋后记》中写道，"孔子曰：'知止而后有定'，'于止，知其所止者。夫勇退于急流，而无穷途覆辙之代者，一行之卓也。徐进于识途，而无冥行掷填者，《大学》之先（根本）也"。又说："静而止，以养其知；动而止，以行其知，止其欲，以澄其滓；止其言，以密其几。"（《知止斋后记》）又说："生而静也，人性何尝不定也。醉生梦死，狂走而颠真不定者，何其不也。"（《定峰说》）他的这些论述，就是要用儒家道德规范约束自己的行为，学会"知止"，不必营营终日，为外在物欲所累。

重视自我修炼。儒家理论注重个人品德修养，把正心、修身与齐家、治国、平天下相联系。张以宁十分注重自我修炼。他说："余闻古之人，人之知不知，不计也。蕲乎古人知，天之知而已。"（《送王伯纯迁葬河东序》）这就是《大学》与《中庸》所提倡的"慎独"，在独处中谨慎不苟。他在《题牧牛图》一文中借牧牛为题加以发挥：为官在于牧，牧者，治也。而牧人必须自牧，即自我修养。"由乎圣人之教者，将以牧人，必先自牧，讵可不明其要乎？"

张以宁在《答张约中见问》一诗中云："金马隐来人岂识，木鸡老去我方全。"他把自己比作已五德俱全的木鸡，自我修养到家了。

# 凝心聚力倡忠君

至正十六年（1356 年），时值红巾军起义气势正盛，硝烟遍地，天下人心浮动之际。为收拢人心，倡导忠君报国思想，张以宁等一帮文臣和民间知识分子发动了纪念申屠駉毁夷陵曹操庙改祀孔子四十周年活动。

《（嘉庆）高邮州志》：申屠駉，字子迪，东平人。父致远，字大用，除南台都事，累官淮西佥宪，晚爱高邮山水营墅焉。駉家于邮，登进士第，擢监察御史，仕至福建廉访佥事。尝奏去天下淫祠，毁冀州牧曹操庙。一特名士，如虞伯生萨天锡皆有诗文相唱和，交好甚密。

除夷陵外，天下给曹操修庙的确还未发现二例，就连曹操的故乡安徽亳县，也没有人敢给他修庙。许多年来，曹操在宋人评话和元人杂剧中被涂抹成奸臣，但申屠子迪此次巡山却惊讶地发现，曹操在夷陵一隅享尽风光。

夷陵即今宜昌。据《宜昌旧学志》记载，曹操庙建于元大德七年（1303 年），依山傍水，松柏森森。庙里塑有曹操金身。晨钟暮鼓，四时香火不绝。延祐三年（1316 年），山南江北道宪司巡历夷陵。

一日循泉而至后山，见曹操庙，大惊。挟天子以令诸侯的一代奸相，居然还躲在这里让人顶礼膜拜？是可忍，孰不可忍。同行书记官申屠子迪建议拆毁此庙。于是宪司上报礼部，一声令下，天下唯此一家的曹操庙顿时便成了一堆瓦砾。申屠子迪当时官卑职微，名不见经传，因议毁曹操庙而声名鹊起，一跃而成为不少诗人讴歌的对象。

江浙儒学提举、翰林直学士陈旅留诗。

> 黄牛峡口滩声急，楚女传芭水庙秋。
>
> 此地殷勤祠魏武，何人辛苦得荆州。
>
> 莫令故国无遗祀，不见中郎尽发丘。
>
> 千载有人伸大义，高风全似故安侯。

四十年后，为导引社会思潮，张以宁等掀起了纪念热潮。在纪念活动中，大诗人成廷珪率先写诗称颂申屠子迪毁曹操庙，开头两句便骂曹操："西陵归来忽千古，操有何德称魏武？"接着便嘲讽夷陵人，曹操"黄牛峡口不曾来，亦有巴人建庙宇"。三国时期夷陵是吴蜀征战之地，曹操从未到过夷陵，夷陵人怎么在城后深山给他修了一座庙宇呢？结论自然也是夷陵人实在不该。幸好"今年偶值申屠君，削汝尊罍撤汝俎"，创下毁曹操庙的丰功伟绩。不少文人墨客纷纷参与四十周年纪念活动，或绘图或写诗或作文，感时抒怀，吊古伤今，大多是骂曹操颂申屠，全国为此掀起一番忠君运动。

《吴文正集》（毁曹操庙诗序）：夫篡逆之贼虽去之千载，见其姓名犹起人恶怒。庙而祀之，何居？山南江北道宪司巡历至夷陵毁除冀牧曹操庙，甚快人意。当涂转凶悖，炎精遂无光。朱子尝有诗愤叹矣！而斯议自掌书申屠駧发之。申屠之父御史君击奸嫉恶有声，駧又好读书，讲闻乎义理。故能启其长为是举也，诸君子喜谈而乐道之宜哉。

《草堂雅集》（夷陵词序）：山南夷陵县有汉景帝庙，又有曹操庙，而无孔子庙，今闽宪仝申屠子迪掾山南时，按部睹其事曰：汉贼不两立久矣！遂白使者堕曹操像而为孔子像于其庙，民皆骇然。申屠此举深有关于名教之重，故予题之而系之词，且以示其民焉。

"操之不臣于汉，天下后世莫不知之，而夷陵独有庙。夷陵之民皆愚耶？"这是元朝学者唐肃《毁曹操庙文》的前几句。大意是，曹操谋篡汉朝，天下没有人不知道的，而夷陵独有他的庙，怎么夷陵人全都愚昧无知了吗？问得有些辛辣。

张以宁在申屠子迪毁曹操庙卷上题字：使世皆申屠駧，则汉不魏，魏不帝矣。管宁贱，孔明夭，駧生也后，天也。呜呼，悲夫。大意是如果世人都像申屠子迪，则汉朝不会被曹魏所篡，即使权力被篡，曹魏也不敢称帝。管仲和孔明功业突出而能谦卑为臣，可惜已经去世。申屠子迪积极维护君王，实为可敬。当今世人胆敢倡乱，实在可悲可叹。

在红巾军大起义的背景下，君王在百姓中的形象和权威，事关民心向背，张以宁等文臣们为维护朝廷权威殚精竭虑，试图从思想上进行正本清源，为元朝廷做出了巨大贡献。

# 木鸡老去德方全

张以宁《答张约中见问》（节选）：金马隐来人岂识，木鸡老去我方全。这是在提倡清静无为、装聋作哑，保全性命吗？张以宁在元朝任职的情况究竟是怎样的？

所谓的木鸡并非呆愣，而是要不受权欲、人情、金钱的诱惑和干扰，摆正位置、积极履职。特别是在元末党争激烈的情况下，要做到不被卷入派别斗争，是非常困难的事。当时皇帝暗昧、不理朝政，在镇压红巾军后崛起的军阀有孛罗帖木儿、扩廓帖木儿、李思齐等，朝廷内部还有帝党、后党等。人在政坛，身不由己。张以宁所担任的国子监祭酒、翰林待制、翰林侍讲学士等，属中枢要职，岗位职责包括培养接班人、掌承顾问、参议要事等，与政治立场、政治观点密切相关。在以派别为标准的政治氛围下，支持一派政见，必然得罪另一持不同政见派。政治分歧导致派别斗争是常有的事。元末形势危亡加剧，外部农民起义不断、内部党争激烈，在朝廷为官极度危险。太平太傅就是一个例子。

太平①太傅祖父因军功，得以授官，父亲及太平都得到袭职，家族三代在元朝为高官。太平因才干突出，官至元朝中书省左丞相、太保、太傅。张以宁很敬重太平宰相，保持着密切联系。一次，奇皇后派人打探太平对于继位人选的意见，太平不同意太子继位，被奇皇后、朴不花等排挤出局，直至矫诏赐死。左丞成遵等六人因被定为太平党羽，而被太子指使人诬告陷害至死。张以宁在太平告老还乡时作《太平太傅致仕》：乔木世家今绝少，黄花晚节古应同。这首诗透露出两层意思，一是在太平失势、与之交流很可能给自己造成不利的情况下，张以宁敢于与太平交往，展现了不畏权贵的勇气。二是引导太平认清政治形势，守住晚节，保全自身，体现了张以宁灵活处事的政治智慧。

御史陈祖仁，性格耿直，敢于向皇帝和太子谏言，本人也屡次受贬外放。至正二十年（1360 年），说服顺帝放弃大兴土木修复上都的想法。至正二十三年（1363 年），他指责太子纵容内监朴不花、左丞相索思监擅权妄为，并对太子专权提出疑问。至正二十七年（1367 年），他联合翰林承旨王时等人，建议朝廷对于军阀扩廓帖木儿的策略由剿改抚，兵力重点要放在对付朱元璋农民起义军。在这些谏诤或上书活动中，张以宁坚持从朝廷利益考虑，客观公正地表示支持、反对或进行居中协调，化解双方矛盾，发挥了自己应有的作用。

---

① 太平（1301—1363），字允中，初姓贺氏，名惟一，后赐姓蒙古氏，名太平。

御史张桢，字约中。张以宁与之交好，至今留有多篇诗词唱酬。张桢上书陈述十祸，其中根本之祸有六，征讨之祸有四，历数其弊端，比如：轻大臣、权纲不振、图安逸、杜绝言路、人心涣散等等。上疏后，皇帝未从中醒悟，张桢却引来权臣中伤。至正二十四年（1364年），军阀扩廓帖木儿力图辅助太子重振朝纲，委请张桢重任，此时张桢已对朝廷心生失望，予以谢绝，但还是向扩廓提出了保君王、保社稷、保臣民的具体建议。张以宁对张桢的忠诚诤谏的行事风格极为佩服，但由于两人性格不同，表现为隐忍或抗争形式不同。在张桢退休多年后，去信张以宁问候工作生活情况，并在信中表达了对张以宁人身安全的担忧。张以宁在《答张约中见问》自评：金马隐来人岂识，木鸡老去我方全。

在以宁心中，木鸡并不代表懦弱。张以宁胆略惊人，与侠士关系密切。徐施奋，汉族秀才，"居家好奇谋，平生恨汉人不得志于世"。张以宁第一次见到徐施奋是至正九年（1349年）在同年汪华玉寓所。两人初次见面就很投缘，后来虽然不经常见面，但不妨碍两人成为莫逆之交。朝廷多次征召，徐施奋隐居不仕。至正二十四年（1364年）军阀孛罗帖木儿借清君侧为名，第二次进入大都，太子避走。孛罗在都城贪淫放纵，强娶帝女及后妃、侮辱皇后。徐施奋义愤填膺，誓除此贼。他先是以朝廷征召的翰林直学士身份出现在皇帝身边，以一介儒生的形象骗过孛罗，帮助元顺帝出谋献策。在顺帝的配合下，将八个心腹死士以侍卫身份安排到皇帝身边，施计诛杀了孛罗。对于徐施奋设计除奸的企图，张以宁心知肚明，他一边为好友担心，一边暗中配合他的行动。孛罗被成功铲除后，朝廷要奖赏徐施奋，他拒绝了。在徐施奋居屋新辟轩亭落成时，张以宁赠《无间轩记》，称赞徐施奋言行无间，果敢行动。这真正符合徐施奋的侠士事迹。不久，徐施奋从朝廷出走，隐居民间，不知所终，两人再未见面。

既要积极履职，又不能被卷入派别，不仅需始终如一从朝廷利益出发，保持客观公正的立场，而且还需付出大量的时间进行沟通和解释，甚至不惜苦口婆心地进行说服调解。作为知晓历史上无数治乱兴替的饱学之士，张以宁知晓变则易、易则通的道理，在翰林院任职期间，保持中立、超脱政治派别的姿势，成功保全了自身安全。

# 进退荣辱唯义在

至正二十八年（1368 年）八月初，徐达率领的明军包围大都。在此之前，元顺帝于夜间带上少量随从，打开城门，弃城逃亡。在大兵压境、国无君主的时刻，张以宁等一班臣子一时不知该何去何从。慷慨赴死、投靠新朝还是潜伏待机？这个问题严酷而紧迫地摆在面前。

自幼起，张以宁就熟读"四书""五经"。儒家的忠孝节义，成为他毕生追求的准则。忠君保民一直是儒家经典关注的重点。张以宁一生精研《春秋》。《春秋》开篇首句即提"王正月"，把尊王放在首位。又如"天佑众民，作之君，作之师""国不可一日无君"等经典语句昭示着维护大一统、维护君王权威的重要性。张以宁深知，只有维护好君王，才能形成坚强有力的领导，确保国家有序运转。

## 祭酒江先生见和再次前韵

先生稽古如桓荣，老我忧时惭贾生。

六鳌共擎碧海动，孤凤先睹朝阳鸣。

青春深院梧桐暗，红日高盘苜蓿横。

誓将丝毫效补衮，长愿磐石安维城。

此文深刻表达了效忠朝廷、拥护君王的忠心和决心。张以宁是这么说的，也是这么做的。他在大都为官，历经多次升迁，事实证明他对朝廷和君王忠心可鉴。

《春秋》以史载经，微言大义。其中包含夷夏之辩，亦即以华夏民族为主体的大一统思想。不可否认，元朝在中华文化发展史上起了重要作用。疆域拓展，给了知识分子更宽广的视野和交流空间。元世祖忽必烈、元顺帝等重视儒家文化、重用汉族知识分子，在朝的汉族知识分子基本上也以维护元朝为精神依归。元末很多出身进士的守城官吏，在农民起义军激烈的进攻面前，选择血战到底，直至殉节，令人敬仰。但在夷夏之辩的背景下，蒙元属异族入主中原，而且与前代相比，重视和接受儒文化的程度不高，比如直至元末，元朝贵族还有纳内的风俗，即在父兄亡故后，娶兄嫂、继母为妻。这在汉族人眼里，就是乱伦，如此种种。因此，大多数知识分子选择隐居或不仕，不为朝廷服务。在元末特殊时期，一部分在朝的知识分子受责任和使命约束，在履行职责的同时，在忠于君还是忠于民族上面，内心也充满矛盾。

与张以宁同时期的刘彦炳即是一个典型例子。刘彦炳经历了一个由维护元朝廷政权到投奔朱明王朝的转变过程，他还曾与坚守安庆而至死不降的余阙共事，两相对比鲜明。他对易代之际的政治选择有过许多思考与议论。其《圣贤行道说》曰：或曰皋、夔、稷、契，唐虞之贤佐也。尧有天下，四臣与舜比肩而事尧。舜受尧禅，四臣与禹比肩而事舜。王者之佐莫贤于伊尹，五就桀，五就汤。霸者之佐，管夷吾、百里奚其尤也。管夷吾释幽囚而相桓公，桓公以霸，孔子称之。百里奚去虞而虞亡，入秦而秦霸，孟子许之。王者之师，莫尊于孔子、孟子，孔子历应诸侯之聘，孟子游齐、梁之国，后代人臣重守节，则彼皆非也？迂叟曰：圣人以行道济时为心，然亦未尝苟合也。故出处去就，惟义所在，以守节而议之者，岂足以知其心哉！孔子曰："君子之于天下也，无适也，无莫也，义之与比。"是也。

刘彦炳在此列举古代大量改事新主及多元政治选择的实例，就是为了引出"出处去就，唯义所在"的结论，并以此反驳"后代人臣重守节"的迂腐之见，此种思路，表现了元末明初士大夫为自己弃旧归新的抉择寻找依据的努力。

无独有偶，同时人陈谟也写有一篇《通塞论》，称那些只知死节者为知"塞"而不知"通"的"一节"之士，而像"抱祭器而适周"的微子、为周武王陈说《洪范》的箕子，均为殷朝臣子，孔子并没有因为他们未能为殷朝死节而责备之，反而对其"通谓之仁"。最后得出结论说："仁者全体，而死者一节也。故知天地之常经，斯可正臣子之大分；知古今之通义，斯可处人伦之大变。此惟通而不流、塞而不胶者能之，吾故表以为论，以告夫今之贪宠与执一者。"也就是说，死节乃是作为臣子的常规行为，是"常经"，而为了社稷利益与文化传承则是顾全大局之"仁"，亦即刘彦炳所言之"行道济时"与"惟义所在"。此种议论在以夏变夷的元明之际颇为盛行，而在宋元之际与明清之际的以夷变夏之时则很难出现。

以宁虽然一直盼望着能为皇帝出谋出力，为安邦富民大显身手，但这种愿望因元末的腐朽政治而大打折扣。

元顺帝执政后期贪图安逸享受，沉迷天魔舞、宫廷秘术，还亲自动手设计供娱乐游玩的龙船，无心朝政。在镇压红巾军中崛起的各路军阀攻斗不绝，朝廷内党争严重，置国家危亡于不顾。社会上，蒙元实行民族歧视政策，分人民为四等：一是蒙古人，二是色目人，三是北方汉人，四是南方汉人。民族矛盾长期积累，加之天灾严重，民生艰难。王朝的衰败没落情况越来越明显。这是一艘即将沉没的大船，对于饱读诗书、了解历史兴亡规律的张以宁，当此时刻，自有豁达处事的主见。

对比元末君臣，朱元璋表现出大仁大勇。大兵到处，不嗜杀不扰民，扶危济困。身边能臣良将如云，一派欣欣向荣的景象。张以宁身处枢机，交友广泛，怎么可能对此一无所知或熟视无睹呢？

与张以宁同时由元入明的危素对待新朝的态度就显得被动。危素（1303—1372 年），先后任元朝国子助教、翰林院编修、太常博士、兵部尚书、参知政事、翰林院学士等职。危素未入明朝前，住在一座和尚庙，听说明兵攻入大都，欲投井尽忠，被庙中和尚救起。危素为人耿直，入明之后，因得罪了一些朝臣，受到非议，最终招致朱元璋不满，被贬守余阙墓，郁郁而死。

第五部

入明為官

# 双星聚会振新风

　　洪武二年（1369 年）春天，张以宁与宋濂这两位文坛巨匠终于在大明朝当时的首都南京见面。这次见面虽属初次，但两人仰慕彼此已久，读过彼此文章，听过朋友的评价，好似早就相识。见面后，两人以文会友，各自拿出所作文稿，阅读交流点评。两人文学观点一致，初见即有说不完的话，从早上一直谈至深夜，不知疲倦。两人约好下次再深入讨论。这次讨论，更加坚定了彼此引领诗文复古运动的自觉性，对元末文化出现的儒道不兴现象进行了批判，奠定了明初文坛的一股清流。两人一见如故。可惜不久之后，张以宁即动身出使安南，不久在安南去世，两人再未见面。在写给宋濂的序文里，张以宁提到，要搬到金华与宋濂做邻居，相互学习。宋濂后来也提道："方将与先生细论，而九原不可作矣。"幸运的是，张以宁在出使安南路上，为宋濂写出了《潜溪集序》，同时，在张以宁去世两个月后，宋濂写出了《翠屏集序》，从而今天的我们才得以知道当年两人的"高峰论坛"。

宋濂<sup>①</sup>自幼聪敏好学，号称"神童"。曾受业于闻人梦吉、吴莱、柳贯、黄溍等人。元末不受朝廷征命，修道著书。明初时受朱元璋礼聘，被尊为"五经师"，为太子朱标讲经。洪武二年（1369 年），奉命主修《元史》。累官至翰林学士承旨、知制诰，时朝廷礼仪多为其制定。宋濂与高启、刘基并称为"明初诗文三大家"，又与章溢、刘基、叶琛并称为"浙东四先生"。被明太祖朱元璋誉为"开国文臣之首"。他与刘基均以散文创作闻名，并称为"一代之宗"。其散文或质朴简洁，或雍容典雅，各有特色。他推崇台阁文学，文风醇厚飘逸，为其后"台阁体"作家的文学创作提供范本。其作品大部分被合刻为《宋学士全集》。

宋濂在明初政坛位列文臣之首，在文坛也属于领军人物。元末文章，以吴莱、柳贯、黄溍为一朝之后劲。濂初从莱学，既又学于贯与溍，其授受具有源流。又早从闻人梦吉讲贯"五经"，其学问亦具有根底。《明史》濂本传称其"自少至老，未尝一日去书卷，于学无所不通。为文醇深演迤，与古作者并。在朝郊社、宗庙、山川、百神之典，朝会、燕飨、律历、衣冠之制，四裔、贡赋、赏劳之仪，旁及元勋巨卿碑记刻石之词，咸以委濂，为开国文臣之首。士大夫造门乞文者，后先相踵。外国贡使亦知其名，高丽、安南、日本至出兼金购其文集"。《刘基传》中又称基所为文章，气昌而奇，与濂并为一代之宗。今观二家之集，濂文雍容浑穆，如天闲良骥，鱼

---

① 宋濂，字景濂，元末明初著名政治家、文学家、史学家、思想家。

鱼雅雅，自中节度。基文神锋四出，如千金骏足，飞腾飘瞥，蓦涧注坡。虽皆极天下之选，而以德以力，则略有间矣。

张以宁与宋濂两人文学观点立场一致。张以宁《潜溪集序》曰："世率言'六经'无文法，是大不然。'六经'之文固未始必于有法，而未始不妙于有法，斯其为文之至者。后乎'六经'，孟子舆氏之醇、司马子长氏之雄，弗可企已。"张以宁《翠屏集》中文章倡导复古，宣扬理学、易学，肯定仁义礼智信、忠孝节义等价值观的合法性与合理性。倡导复古，即文以载道，以儒为主，释道辅之。复古、宗经、明道、师韩、重文、修养成为他的主要思想，认为学习"天地至文"的途径是师韩。其《潜溪集序》认为，宋濂是师韩最好的当代散文家，他赞扬宋濂"先生之文，其进于韩氏之为乎"！

而宋濂的观点类似。宋濂《文原》曰："余之所谓文者，乃尧、舜、文王、孔子之文，非流俗之文也，学之固宜。"宋濂《徐教授文集序》曰："文至于'六经'，至矣尽矣，其殆无愧于文矣乎？"

两人互相肯定。宋濂在《翠屏集序》里，高度评价张以宁散文所取得的艺术成就，他说："今观先生之文，非汉、非秦、周之书不读，用力之久，超然有所悟入。丰腴而不流于丛冗，雄峭而不失于粗厉，清圆而不涉于浮巧，委蛇而不病于细碎，诚可谓一代之奇作矣！先生虽亡，其绚烂若星斗，流峙如河岳者，固未始亡也。信诸今而垂于后者，岂不有在乎！"

张以宁在《潜溪集序》里评价宋濂："其言理直而不枝，其叙事赡而不芜。卤疏而极严缜，恣纵而甚精深，简质而自宏丽，敷腴而复顿挫，非有意于为艰，亦奚心于徇易？所向而合，糜事镵削，旁通释老，咸得其髓。盖夫韩之于文，始乎戛戛陈言于务去，成于浑浑然觉其来之易。先生之进于韩，其有悟于是乎？嗟夫，是岂一朝夕之积也哉？集义以养其气，孟也；游览以壮其气，马也。而韩亦云气盛则言从，犹水之于物，小大毕浮。先生天禀特异，所居又邃幽，啸歌山林，脱去污浊，得以博究群言，穷探众赜，潴而涵之，既厚既深。其志静故其气完、其神昌，其造诣至于是也宜。"

张以宁与宋濂之所以"酸咸之嗜同"，是因为有共同的历史认知。古代主流观念认为，"经"的价值至高无上，地位独尊。"六经"是一切文体的起源和典范，所有文体均可溯源至"六经"，正是"六经"生成了众多文体。两人共同认为古代文章承载着丰富的思想意涵，应敬畏传统，充分体认和尊重古代文章观念。重视整体性的传统主流、正统文章观念自是一种合理性历史存在，有其独特价值，先秦、两汉文、史、哲浑然不分自不必说，即使是魏、晋"文学自觉"以来，文章也只是具有相对独立性，主流观念仍然是"道"本"文"末。

两人共同提到：韩愈、柳宗元等皆倡导文、经、道合一，唐代"古文运动"实质是接续经学精神，强调"文以明道"，"文统"与"道统"统一，最看重的是"道"，是思想，而非"古文"本身。宋代欧阳修也持相同观点，在《代人上王枢密求先集序书》曰："《诗》《书》《易》《春秋》，皆善载事而尤文。""六经"即文，且是"至文"。

六朝之士，崇尚老、庄，故六朝之文，多道家言。隋、唐以来，以诗赋为取士之具，故唐代之文多小说家言。宋代之儒，以讲学相矜，故宋代之文，多儒家言。

《左传》是经，也是史，且是"至文"。《史记》是史，也是文学典范，历代文学家几乎无人不学《史记》，《史记》对后世文学有全方位影响：范晔《后汉书》中传记结构、语言、风格，皆独具特色；《晋书》叙事爽洁老劲；欧阳修《新五代史》模仿《春秋》，结构严谨，议论深刻，简而有法，文笔洁净，直追《史记》。

由元入明的文人官员中，两人最为著名，影响力最大。危素擅长史学，张以宁擅长经学。以宁虽在入明后仅三年就去世了，但因其在政坛、文坛的重要地位，其复古明经传道思想对明初的文化界起到了重要作用，对于石光霁、王钝，以及国子监受学学生的影响自不必说，对众多的自觉追随者的影响也非常之深。以林鸿为首的闽中十才子，自觉遵循张以宁的复古运动，开创了闽诗流派。林鸿，字子羽，福清县人，十五岁能诗能文。洪武初，以人才荐至京，召试，赋《龙池春晓》《孤雁》二诗，为太祖所称许，授将乐县儒学训导，官至礼部精膳司员外郎。致力于诗，常与志同道合的朋友和弟子相唱和。著名的有郑定、王褒、唐泰、高棅、王恭、陈亮、王偁、周玄、黄玄等九人，以林鸿为首，时称"闽中十才子"。

# 定都金陵聚共识

至正二十八年（1368 年）八月明师攻克元大都，元朝覆亡，张以宁、危素、曾坚、王时等一批元朝故官，受征召赴明朝南京。同年十月到达南京。此时距离朱元璋在金陵登基称帝刚过去九个月。明朝刚刚建国，社会不稳定，民生凋敝，问题重重，需要大量人才。张以宁因奏对称旨，深受明太祖宠遇，授翰林院侍读学士，成为明初主要词臣之一。杨荣《故翰林侍读学士张公墓道碑》记载："每承顾问，多所裨益，赐诰褒谕，恩赉特厚焉。"

在元朝担任翰林侍讲学士多年，张以宁了解国情社情、通达政务，入明后经常向朱元璋提出良好的政策咨询意见。就中原人口凋敝、土地抛荒的问题，提出从山西等地移民的建议。为加强教化、导引风气，提出在全国普遍设立县学，延请教谕，大办教育。为适应接收全国政权的需要，短期内需要解决人才短缺的问题，张以宁等人建议留用元故官等。

在对待元遗臣之衍圣公即曲阜孔克坚去留问题上，张以宁提出良好建议。当时，明朝初建，残元势力在北方仍很强大。孔克坚仍与元朝保持着密切联系，对待新建立的明政权首鼠两端。明朝廷召见孔克坚，孔克坚托病不去，派其儿子前去。朱元璋下旨严词斥责，并在张以宁等人建议下，改为赐封其子孔希学为衍圣公，同时厚待衢州南宗孔氏。张以宁曾任职浙江黄岩州，与衢州南宗孔氏后人孔世平交好，深知衢州孔氏一门孔端友、孔洙、孔楷乃是孔子嫡长孙，但因在忽必烈时代南北孔氏合流中，孔洙自愿放弃衍圣公爵位，历经几十年，朝野上下已公认曲阜孔氏为正宗。若要再翻这本历史旧账，已然算不清。因此唯有争取厚待衢州南宗孔氏才是更好的选择。

张以宁的参谋咨政工作，卓有成效，得到朱元璋的充分肯定和认可。宋濂、林弼、陈南宾等一大批新进人才纷纷慕名来访，请教从政、为学之道。张以宁一概予以安排见面，悉心传授，尽显长者风范，宋濂赞叹：先生素为长者。

吴允思，福州儒士，因接收福建的明总兵大臣推荐，进南京担任大理寺丞，后跟从大军接管元大都，授集贤院校书郎。洪武二年（1369 年）春正月，将要赴广东南海任知县，前来辞行，请以宁赠言。

**以宁：**蒙受恩遇，前往重地任职，作何打算？

**允思：**我自少时即厌科举，从闽县陈古灵先生典籍教案学孔子、程颐之学。在家用朱子礼，在乡用吕氏约，去异端，崇正学，诚意不欺，有助于世事人情。

**以宁：**以前陈古灵为我乡四先生之一，他的教育，在朱子小学书记载分明。这怎么可能会白学呢？如你能按照古灵先生教育行事，皇帝万里之外也能明察。广东虽远，但你不会被埋没，天下照样皆见你作为儒者之业绩，那时我海滨邹鲁之乡不缺人呢。

洪武初年（1368年），在定都何地这一重大问题上，众臣看法不一。当时很多人支持建都金陵。金陵作为六都古都，虎踞龙盘，前面有长江天险，还有西北与东南纵横的紫金山，背山面水，战略位置好。金陵很富足，不仅是粮食产区，而且商业还很发达。金陵是朱元璋起义军壮大发展的发祥地。至正十六年（1356年），朱元璋在刚脱离红巾军不久，经过三次攻战，占领了金陵。在谋士朱升等建议下，采取"高筑城、广积粮、缓称王"的战略，在强敌环伺的情况下，以金陵为中心，逐步发展壮大并统一了全国。在此期间，金陵城的各项设施，如防卫设施、民用设施等也逐步得到完善。但同时也有人反对定都金陵，理由是金陵王气不够厚重，定都金陵的王朝大都是偏安一方的短命王朝。

随着朱元璋义军向北推进，洛阳也成为备选都城之一，朱元璋还带人到现场进行察看。洛阳城乃中州故地，经济繁荣、交通四通八达，但缺点是无险可守。有人建议在西安建都，理由是关中平原乃粮食主产区，战略纵深大，缺点是离南方较远，管理不便。同时，一起起事的淮西勋贵集团受家乡观念、利益考虑，要求在凤阳建都的呼声很高，朱元璋对家乡凤阳也是情有独钟。

张以宁入明为官后，注意到定都之事已成为困扰明朝君臣的大事，敏锐感觉到朱元璋迟早会就此事向他咨询。他有这份自信。他熟读"六经"，精通文史，在元朝翰林院时，随着欧阳玄、揭傒斯、黄溍、虞集等一批饱学元老故去，他的学问地位日益突出，为与张矗相区别，人呼为"小张学士"。在入明的元故官中，公认最突出的是以宁和危素两人，危素长于历史，以宁擅长"六经"，同时对于易经、堪舆学等有独到的研究。他多方接触群臣，了解各自看法。现场察看南京的地理山水，走访南京的高人隐士，查阅南京的史料记载。

果不其然，过不久，朱元璋亲自带领张以宁、朱升、秦裕伯等一帮文臣武将，游览钟山。说是游览，倒不如说是组织地理堪舆。这已经不是朱元璋第一次登钟山了。在山上，趁着游兴之余，朱元璋令人送上纸笔，让张以宁、朱升、秦裕伯等人当场赋诗。洪武二年（1369 年）正月初三，朱元璋亲自于前殿召见张以宁，垂询意见，钦命以宁对定都南京写成论文，于是一篇洋洋洒洒的《应制钟山说》横空出世。此文提到定都金陵的几大优势。

地理优势。"前临大江，天设巨堑；北俯中原，万里一目；下为沃野，原隰衍平"，长江成为护卫都城的天险，向北可雄踞中原。"兹地之胜，东直沧海，中涯吴会，有如洛阳"，向东直达海滨，向西可达江苏，交通便利。

历史人文优势。"昔诸葛孔明，振古之豪杰也，以谓龙蟠虎踞，帝王之宅"，诸葛亮雄才大略，当年孙刘联盟时，建议孙权定都金陵，"既而吴大帝开其基于前，六朝主继其踵于后"，东吴、东晋、宋齐梁陈、南唐等先后定都金陵。南宋初期，为有利于收复北方，金华陈亮也建议将都城设在金陵而非杭州。还讲到历史上的两个传说趣事：为破坏金陵的王气，楚威王埋金、秦始皇挖人工河，这也侧面印证了金陵乃帝王之地。

堪舆优势。"磅礴太空,浑涵元气,黄云紫光,轮囷葱郁。盖蜿蜒扶舆,起坤抵乾,历数万里至是而融结。"元气、紫光等讲的是帝王之气。蜿蜒扶舆、起坤抵乾讲的是地貌的灵动性。堪舆是古代社会一种文化现象、社会现象,同时在国家层面又是一种制度的体现,即礼制。国家的重大工程都需要堪舆,而且由钦天监的官员负责这项工作,由此可见堪舆的重要地位。统治者的行为强化着堪舆对民众日常生活的影响,但同时民间习俗也在影响着上层社会。综合来看,统治者的大力倡导、儒家思想的"儒化"改造、人们自我安慰和自我价值实现的双重心理等因素,促使堪舆成为一种普遍的社会现象。

政治优势。"讵知几千年郁积而未泄者,大阐于今日。皇上以英武之明,首出庶物之资,适应其期",驳斥了南京在历史上的不佳表现还有另一层更重要的原因,即是掌权者的锐气,提及朱明王朝气象一新,生机勃发,定都南京,可大有作为。

《应制钟山说》一文对于定都地点的分析深刻全面,既考虑现实的战略、经济、交通、军事、人文优势,又采用当时盛行的堪舆学理论作为依据,并听取各方意见,提出了定都南京、以凤阳为中都、以西安或洛阳为西京的长期规划,说服力强,深孚众议,获皇帝赞许,为定都金陵统一了思想基础。因渊博的学识和公认的学术权威地位,张以宁《应制钟山说》令人信服。同时,以宁由元朝故官而来,且是南方福建古田人,与朱升、刘伯温等起事谋臣身份不同,不会给他人以个人功利联想的空间。此后，在定都南京的基础上，朱元璋开展以凤阳为中都的建设，但因工程耗资巨大、环境破坏严重、外地迁入人口难以立足、淮西勋贵集团借机腐败，招致刘伯温等人的强烈反对而停止。其后，朱元璋派出太子朱标，到西安考察建都的可行性。但其后不久太子去世，此事也因此作罢。至于朱棣迁都北京实是因时间推移、形势变化而出现的偶然事件，并不能证明张以宁当时的战略眼光是错误的，这是后话。

# 元明闽诗开先驱

元明之际，各地逐步形成以地域为中心的诗派。清朝钱谦益《列朝诗集》：明初诗派，江西以刘崧为代表，闽中以张以宁为代表。江西诗派倡导雅正，闽中诗派以雄丽著称。当代学者陈广宏则认为当时还有岭南诗派、吴中诗派、浙东诗派。

地域诗派的形成，既有地域内同一历史文化渊源的因素，同时又与交游圈往来和自觉的文化追求密不可分。元朝中后期，文人间经常组织雅集，开展诗词唱和，同一交流圈自然产生了文化上的共同认同。至元二年（1336 年）萨都剌到福州任职已有一年半时间，广泛联系闽中文士，并举办了乌山诗会。至正八年（1348 年）张以宁回闽参加了泉州桐华诗社活动。

张以宁与林清源、陈众仲、黄清老、蒋易、蓝仁、蓝智、林唐臣等有较多的来往。这些人都是当时福建著名的文学名士，至今都留下了自己的文集。张以宁与他们的交往大多留下了诗歌。作为"闽中十才子"之首的林鸿，即使比张以宁小三十多岁，两人也结成了忘年交。在张以宁父亲去世时，林鸿写下了送别诗。

张以宁提倡诗文复古运动，非古其辞，而是古其道。同时他提倡鸣盛世之音。张以宁的诗，不仅情深，而且艺高，造诣颇深。《翠屏集》中的古风、律诗、绝句的艺术性和思想性都相当高，有人说可与李杜比，并非褒奖之词。

《桐华新稿序》："大夫士幸得生盛时，目不睹金革事，能声于诗以自著，不自菲薄，亦犹古之道乎，治世之音乎，宜闻于世。"

《赵希直诗集序》："丽而抗之使其壮，雄而沉之使其浑，光而葆之使其幽，远而使之勿离，深而使之勿僻也，培之至诗之昌也。"

《蒲仲昭诗序》："漓而淳之，浮而沉之，返古之风，完古之气，以追其渺然自坠之遗音……故其诗视唐人盖善，粹然无疵，充而进之杜甫氏之域，余见其亹亹乎维日未已也。"

《桐华新稿序》中，他表达了自己的诗学观点，主张士人身处盛世，应当讴歌美好时代，所谓"士之沐浴膏泽，咏歌泰和，若蛰之于雷，奋不可遏，则诗焉而复古之道也宜哉"。

《马易之金台集序》：诗至于唐而盛，盖其选无虑于五百余家。人各不同而固同于为唐。唐之大家，首推杜陵氏。善学杜者，必本之以二南风雅，干之以汉魏乐府古诗，而枝叶之以晋宋齐梁众作，而后杜可几也。盖必极诸家之变态，乃能成一家之自得，不然则耻于蹑人后。志于成一家而卒不先于古人而愧于所谓大家者，观于近代可鉴矣。昔唐韩子称文章之尤，曰学西汉而为之。予谓诗亦然，何可以不学古人？而学焉者，岂模拟其形似而已耶？

《黄子肃诗集序》：其自得之髓，则必欲蜕出垢氛，融去查滓，玲珑莹彻，缥缈飞动，如水之月，镜之花，如羚羊之挂角，不可以成象见，不可以定迹求，非是莫取也。

张以宁的诗文在历史上评价较高。

宋濂《翠屏集序》：丰腴而不流于丛冗，雄峭而不失于粗厉，清圆而不涉于浮巧，委蛇而不病于细碎，诚可谓一代之奇作矣。

刘三吾《翠屏集序》：先生生光岳浑全之时，文得大音完全之体，虽制作当瓜分幅裂之际，而其正气浑涵，有不与时俱磔裂，而节制以柳，宏放以苏与韩，醲经饫史，吞吐百氏，治世之间完然也。

陈琏《翠屏集序》：其五七言古诗及近体诸诗沉郁雄健者可追汉魏。清婉俊逸者，足配盛唐。盖所谓善学古人者也。

明徐泰《诗谈》：（以宁诗）高雅俊逸，超绝畦畛，如翠屏千仞，可望而不可即。

清汪瑞《明三十家诗选》：格兼唐宋，诸体皆清刚隽上，一洗元季纤缛之习。其晚岁诗，自恨为名高所累，濡忍不死，蓼莪麦秀，凄怆萦怀。

在张以宁、蓝仁、黄清老等先驱大力引领下，以林鸿为首的十大才子在明初诗坛上独树一帜，渐成一派。《明史·林鸿传》载："闽中善诗者，称十才子，鸿为之冠。十才者，闽郑定，侯官王褒、唐泰，长乐高棅、王恭、陈亮，永福王偁及鸿弟子周玄、黄玄，时人目为二玄。"他们作诗旨趣相近，都主张诗法盛唐，对明代诗坛产生较大的影响。林鸿，字子羽，福建福清人，他的诗作主张学习盛唐时期的诗歌，强调诗歌的"神秀声律，粲然大备"，以及"骨气"与"菁华"并足，"春华"与"秋实"相兼。林鸿的诗集被命名为

"鸣盛"，意在以盛唐之音鸣国家之盛。他的诗作内容广泛，包括歌颂正义战争、抒发爱国情怀的作品，如《塞下曲》中的"国耻犹未雪，壮士莫思家"等直抒胸臆的诗句，也有表达壮志难伸和吟咏自然景象的诗篇。林鸿的诗作既有神韵、气质，也有真情，虽然也有一些模仿之作，但其神韵气概也非其他才子所及。林鸿在明代洪武、永乐年间影响很大，形成了当时享誉诗坛的"闽中诗派"（又称"晋安诗派"），对明代诗坛产生了较大的影响。

# 出使安南路迢遥

洪武二年（1369 年）六月底，张以宁受命出使安南，此时他的心情是欣喜愉悦的。在大都二十年，看到元朝一步步走向衰落，百姓生活艰难困苦，而他又无能为力，他的心情是沉痛的。明朝开国，一派新气象。能受到新朝重用，出使安南，是项光荣的任务。为国家出力，这是他平生的夙愿。他写下了出使安南的第一首诗《南京早发》，自注苏老泉云：丈夫不得为将，得为使，折冲万里外足矣。《南京早发》：大隐金门三十载，壮怀中夜每闻鸡。今朝一吐虹霓气，万里交州入马蹄。

在张以宁即将踏上出使安南路途之时，刚受征召到南京的同乡林弼特地前来送行。林弼，元至正戊子年（至正八年，1348 年）进士，先为元漳州路知事。明初以儒士修礼乐书，授吏部主事，后任登州（今山东烟台牟平）知府。《四库提要》提及"明初以明经学古擅名文苑者，弼实为之冠也"。张以宁与林弼虽是在南京相识不久，但因两人有个共同的朋友——泉州名士方德至，相互间早已有书信往来。此次南京见面交往，两人很是投缘。即将分别，张以宁恳请这位后辈老乡赋诗留念。林弼当即赋诗《次张志道学士与龚景瑞诗韵》，约定年底张以宁出使安南回京后，一起相从游玩。殊不知，那是一次无法兑现的约见，实际上是一次生离死别，两人再见面时，地点不是在南京而是在安南，张以宁已成了亡者。

## 次张志道学士与龚景瑞诗韵

林 弼

先生家住翠屏峰，乡梦常时送晓钟。

十载故人青眼旧，千山归路白云重。

天涯作赋怜王粲，江上题诗爱薛逢。

岁晚相从应有约，为寻桃竹截双筇。

出使安南是一项艰苦且危险的任务。朱元璋亲笔赠诗十首《以宁初度》《得以宁实封》《念以宁涉江海》《念以宁入重山》等充分显示了路途的艰险。侍读学士张以宁、典簿牛谅、内监阁初阳等一行从南京出发，乘船沿长江西去南下，经鄱阳湖进入赣江直达赣州，翻越大庾岭，继续乘船经南雄到达韶关，再沿北江南下进入广州，后沿西江进入广西梧州，继续西去南下经浔江、郁江、左江到达龙州，经平而河出境安南。古代交通闭塞，水路乘船出行无疑是最适宜的选择，诗人一路南下西去，咏景、怀古、思情、感叹，题写了八十余首脍炙人口的诗篇，诗人的诗，翔实地记录了出使安南的行程路线。

道路崎岖难行、路远坑深苔滑，一会儿步行，一会儿骑马，一会儿坐船，很是辛苦。广西龙州，是张以宁去往安南的我国境内最后一站。平而河从龙州县城穿过。这里水系发达，四通八达，是中原王朝去往越南水运的枢纽。

## 安南即景

龙水南边去，行穿万竹林。

羊肠山险尽，蜗角地蟠深。

铜柱千年恨，星槎万里心。

朝来晴好景，绿树响春禽。

## 安南即事

刺竹冈头过乱村，白藤渡口出平原。

云南岭尽江光合，林邑潮通海气暄。

绿舞稻苗风剪剪，青肥梅子雨昏昏。

炎方风物新春异，吟罢长歌击酒尊。

安南境内山高路险，北部河湾纵横，沿海岸线每二十公里就有河流入海口，太平江与红河是北部最大的河流。太平江有一条支流白藤江。太平水系的下游与红河水系纵横交错，创造了肥沃的红河三角洲。诗人从左江转奇穷河到达北江，然后沿太平江、白藤江到达海防。诗人去安南的出境具体地点是在左江龙阳，这可从后续出使安南的林弼诗看出。林弼《次韵王编修九日赵守御置酒长句》（节选）：左江溪洞龙阳底，外与安南接疆鄙。安南方物贡王廷，路入中华自兹始。

诗人所住驿馆位于下龙湾的海防市，这里是白藤江和红河下游支流的汇合处。这里长期以来曾是安南的国都，之后由陆路或水路溯流而上进入红河平原中心地区，进入首都升龙城。张以宁《铜柱南边石作关海门镇外碧成湾喜君心似朝宗水直过千重万叠山·其一》：小孤庙下海门关，五老峰前星子湾。多君万里斯游壮，看到东南第一山。此诗描述他们见到海防时，犹如见到庐山景色。张以宁《铜柱南边石作关海门镇外碧成湾喜君心似朝宗水直过千重万叠山·其六》：安子山前使者家，桄榔椰叶翠交加。知君来岁重修贡，饱看皇都二月花。点明驿站处于安南风景名胜区安子山脚下。《铜柱南边石作关海门镇外碧成湾喜君心似朝宗水直过千重万叠山·其四》：十月南方暑气微，洱河驿外叶初飞。遥知夹岸人争看，入贡中朝使者归。此诗表明安南海防万人空巷，夹岸欢迎使团一行的到来。人心所向，和平的潮流不可阻挡。

安南政治形势复杂。《广东省郎观子毅翩翩佳公子也读书能诗甚闲于礼以省命辅予安南之行雅相敬礼予暂留龙江君与士良典簿先造其国正辞严色大张吾军今子毅北辙而予南辕家贫旅久复送将归深有不释然者口占绝句四首以赠诗不暇工情见乎辞云尔》诗题表明，张以宁在龙江听闻安南老国王去世后，派牛谅和观子毅先行进入安南国进行沟通，自己短期暂留龙江。广东省郎观子毅与牛谅典簿进入安南后，对安南国隐瞒消息的行为进行斥责，并深入了解安南国内情况。

《铜柱南边石作关海门镇外碧成湾喜君心似朝宗水直过千重万叠山》诗题表明,安南国内请求册封的思想是高度统一的。但安南此时国内形势不稳定。国王陈日烜已于四个多月前去世,太后下令秘不发丧,由侄子陈日熞秘密继位,以世子之身份掌握权力,内部反对派淑明有所异动。太后和世子希望尽快完成分封,以期得到明廷支持,以免内部生变。在张以宁一行抵达安南后,礼部大臣阮汝亮连夜上门,企图通过贿送黄金,让以宁同意即日册封。以宁严词拒绝了黄金,以宁言:"此吉礼,非凶事也。尔国当遣使往奏,庶依大礼。"同时,他还坚定提出了安南国君接受中原皇帝赐予的玺印和诏书时,或者安南使者进见明朝皇帝时,要用跪拜礼,这是附属国应尽的礼节。经多次交涉,晓之以理,安南君臣终于接受了这一礼仪。

"铜柱千年恨,星槎万里心。"东汉朝马援平定安南征侧、征贰之乱,班师回朝时,在汉界极南处立下铜柱,上刻:"铜柱折,交趾灭",成为向安南宣示武力的丰碑。张以宁这次是奉朱元璋的旨意,要和平不要武力。他带领使团一行身临一线,密集会见安南各方人士,听取意见。深知稳定局势是当前第一要事,同时了解到安南各方势力都想靠拢归附明朝的态度后,运用中朝使者的影响力进行调停、维持稳定。就安南的情况拟写一份六百里加急,向朱元璋做出汇报。洪武三年(1370年)正月,安南派出使者杜舜钦等随同牛谅北上南京报丧、祈求分封世子。

　　张以宁《情事未申视息宇内劬劳之旦哀痛倍深悲歌以继恸哭所谓情见乎辞云尔呈阁初阳天使牛士良典簿》：一身绝域已凄然，三处离居更可怜。中岁恨孤蓬矢志，暮龄忍诵蓼莪篇。愁深鸢堕蛮溪外，梦断鹃啼宰树边。悔不阿奴长在侧，尽情家祭过年年。诗末自注："老亲未即土，二寡妇在闽，十口在金陵，皆贫困。一子与妇在松江，与安南为四处，何以堪此境也。"在与牛谅、阁初阳、观子毅分别之际，张以宁因朝夕相处的同事即将分别，加上身体每况愈下，又想到老妻弱子家人分居四处，心境悲凉。

　　在阁初阳、牛谅等人回京之后，张以宁并没有闲着，多方访察意见，了解政情民意，为半年后牛谅、林弼、王廉最后完成册封打下良好基础。张以宁所住的国宾馆宾客络绎不绝，成了明朝驻安南办事处。他经常白天会见安南各方人士、外出考察民情，晚上撰写《春秋春王正月考》，忙个不停。他征引"五经"、参考《史记》《汉书》等著成一书，决数百载之疑案，确证周朝正朔，进一步阐明《春秋》经义。

　　张以宁在安南期间，见到被朱元璋称为"老实罗"的罗复仁。张以宁抵安南前一年，罗复仁编修受明朝廷指派，到安南和占城，协调两国议和。两国之间有世仇，数百年来争战不休。但彼时明军秋风扫落叶的气势，确实令邻国望而生畏，不得不认真对待。安南军事屡屡失利，为达成和平，明朝廷要求安南归还占城的部分土地。张以宁协助"老实罗"，在两国之间坦诚沟通，积极斡旋，促成了两国和平。

洪武三年（1370 年）四月十四牛谅陪同安南使者杜舜钦到达南京，朱元璋亲临前殿，接受安南朝贡和三跪九叩大礼。接着，举行宴请。牛谅向朱元璋单独汇报了出使安南情况，朱元璋大喜过望，连声称赞"我以宁独抱忠贞之气，奋古能使之风。使之善者，以宁也"，赐诗八章十首并作序。次日拂晓牛谅偕同王廉林弼再次踏上出使赐封安南的路途。三人出发后半个月，即五月初四，在安南境内临清驿馆，张以宁走到生命的最后一刻，他等不到牛谅他们了。弥留之际，写下一首催人泪下的《自挽》：一世穷愁老翰林，南归旅椟越山岑。覆身粗有黔娄被，垂橐都无陆贾金。稚子啼饥忧未艾，慈亲藁葬痛尤深。经过相识如相问，莫忘徐君挂剑心。诗中"徐君挂剑心"，提到的是一个典故。吴国公子季札访问晋国，路经徐国。徐国国君观赏季札宝剑，爱不释手。季札本想给予，但因要出使上国，佩剑是外交礼仪之一，身边不能无剑。心里想着，待出使之后，将宝剑赠予徐君。在返程时，获知徐君已去世，季札仍是把剑挂在了徐君坟头上。后人把徐君挂剑作为信义的美谈。

最后一句：经过相识如相问，莫忘徐君挂剑心，表明他临终前还挂念着册封安南还未全面完成，无以回报大明和皇帝朱元璋。

听闻张以宁去世的消息，文化名人、同学好友纷纷写挽诗，表达悼念之情。张以宁去世仅九天，牛谅就得到了消息。当时牛谅、林弼、王廉一行正在出使安南的半路上。牛谅于悲痛之中写下一首诗，充分表达两人之间的深厚情谊。

# 庚戌五月十三夜梦侍读先生枕上成诗

牛 谅

出使艰虞万里同，归期日日待秋风。

宁知永诀蛮江上，才得相逢客梦中。

岸帻尚看头似雪，掀髯犹觉气如虹。

起来扰泪凭阑久，落月啼鴂绕殡宫。


　　蓝智，元明间福建崇安人，字明之，一作性之，蓝仁弟。兄弟俩人与张以宁交往密切，他们共同推动元明之际闽中诗派的兴起。元末与兄往武夷师从杜本，绝意科举，一心为诗。明洪武十年（1377年）以荐授广西按察司佥事，以清廉仁惠著称。其诗清新婉约，与兄齐名，有《蓝涧集》。蓝智《闻张志道学士旅榇自安南回》：两朝翰苑擅挥毫，白发萧萧撰述劳。使出海南金印重，文成天上玉楼高。孤舟恨别三春草，落月归魂万里涛。欲托漓江将絮酒，幽兰丛桂赋离骚。蓝智的挽诗对张以宁的一生成就作出了精准概括。

# 百载疑案斯人解

明洪武二年（1369 年），明王朝刚刚建立的第二年，在一个冬日的午夜，在远离明首都金陵城万里之遥的安南国的一个驿馆，四周漆黑一片，寂静无声。一间屋子里，一盏油灯亮着，一个面庞清癯的老者端坐在椅上，一会儿若有所思，一会儿奋笔疾书，似有殷殷之语急于付之于书。这位老者即是张以宁，福建古田人，受朱元璋派遣到安南分封国王。他正在撰写的是《春秋春王正月考》。

张以宁以春秋经举进士，一生精心钻研春秋学。对胡安国的《春秋胡氏传》的某些论点进行论辩，写出《春秋胡传辨疑》，公认最为辩博。对于"春王正月"，他有独到见解，但因担心冒犯权威、受无端指摘，未能下笔。一直到他出使安南期间，自感时日无多，传承中华文化的责任感驱使他不顾老迈病弱之躯，毅然动笔苦写，经过半年时间呕心沥血的付出，论文终于完稿。他引用《五经》，参考《史记》《汉书》《后汉书》等，写成两万多字的《春秋春王正月考》，论证《春秋》开篇所涉及的"春王正月"问题。经他分析论证，"春秋春王正月"与汉武帝以来一直在使用的夏历存在差异，"王正月"即周正月（即当前的夏历十一月），"春"为周之春，即从周正月起始，从而为明经定周正朔起一锤定音的作用，《四库全书》主编纪晓岚评价：决数百载之疑案。

论文写成后，在安南阮廷玠、阮太冲帮忙下，将文稿进行抄正。阮太冲、阮廷玠隶楷书在安南国内堪称一流，其书法令人赏心悦目，张以宁啧啧赞叹，专门诗以赠之。

要说清写作《春王正月考》的意义，得从《春秋》这本书说起。《春秋》本是一部编年体史书，记载从鲁隐公元年（前722年）到鲁哀公十四年（前481年）的历史。《春秋》记涉诸侯国之间征伐、会盟、朝聘等事，还有日食、月食、星变、灾害等自然现象，以及祭祀、婚丧、城筑、狩猎、土田等社会生活。它为鲁国史书，却不只写鲁国历史，对各诸侯国多有涉及。《春秋》经过孔子删改，以史载经，成为一部儒家经典。

孟子说："世衰道微，邪说暴行有作，臣弑其君者有之，子弑其父者有之。孔子惧，作《春秋》。"在孟子看来，春秋时期，社会王道秩序渐失、礼崩乐坏，诸侯以武力争霸天下，孔子生此乱世，极力想通过以史说理，褒贬是非，"孔子作'春秋'，乱臣贼子惧"，唤醒人们的良知及自觉行为，恢复礼乐秩序。《春秋》是"天子之事也"，孔子是在替圣王制法。孔子以后，后人纷纷进行研究解读，中国学术文化史上竟形成了一门影响深远的显学，即"《春秋》学"。人们认识到，《春秋》以寓王法，厚典、用礼、命德、讨罪，其大要皆天子之事也。一部《春秋》，为后世虑，意义十分深远。

《春秋》采取微言大义的笔法，对照周礼的吉凶军宾嘉及其他杂法，一字寓褒贬，晦涩难懂。其中一种方法通过明确时与月，将非正常时间发生的雷电风雨、人间事件等异常现象进行记录，寓褒贬于其中，比如"桓公六年秋八月壬午大阅"，以非正常时间阅兵，批评桓公穷兵黩武、过分展示武力；"八年冬十月雨雪"以灾异现象，警示社会将会发生异变，如此等等，对发生的事件进行褒贬。因此，明确界定季节与月份就显得很重要，通过明确"春王正月"，才能正确领会孔子寓经于史的《春秋》大义。另一方面，在古代，历法所涉及的年月日，即是王朝的正朔问题，事关大统。在古代，周朝为明确时间纪年的中华文明的源头，明确周之正朔，乃是继承中华大统的重要标志。

对于《春秋》开篇第一句话"春王正月"，几百年时间里，争议不断，众说纷纭。正月、正岁二名，载于《周礼》，两正并用。左传记载王周正月，正月为建子（夏历十一月），这是明确的。从汉以来，也无异议。唐刘知几著《史通》以春秋为夏正，即正月为建寅（夏历一月），但没有多少人相信。程颐纠结于孔子的"行夏之时"，很多人开始跟随论证，胡安国进一步实证认为"夏时冠周月"，程端学作《春秋或问》，坚持门户之见，以梅赜伪书为据，支离蔓引，越证越颠倒。因此学界各种说法都有，有的认为，夏历得于天时，历代相同，首寅月不能改，冬天不可能作为春天，还有的认为孔子曾有"行夏之时"告诉颜回，因此认为"春王正月"应是"夏时冠周月"，改正朔不改月数；有的认为春秋用夏之时、夏之月，众说纷纭。张以宁要论证这一重要问题，于是他写出《春秋春王正月考》，成就了时人盛赞的张以宁"文成天上玉楼高"。

不幸的是，论文写成不久，张以宁在安南与世长辞。由其长孙张坦收集整理，遗稿随着灵柩，穿越千山万水，回到家乡古田。先由其孙张隆以《安南稿》结集出版，后被收录进《四库全书》。可以说，《春秋春王正月考》是张以宁呕心沥血之作，在自知生命光阴即将耗尽的时刻，拼尽全力将五十多年来毕生所学精髓向世人进行传达，发出最后耀眼的光彩。宋濂评价道，"先生虽亡矣，绚烂若星斗，流峙如河月"。

# 乡情亲情隔不断

热爱和怀恋乡土，是古今诗人创作诗歌的普遍性之主题。乡情，包括故乡之亲情、山川景物常常萦绕于诗人梦魂，乡情又与家人骨肉亲情常常融合在一起。张以宁晚年，国家政治动荡，看不到前途和希望。随着年事日高，张以宁身体日趋老迈，思乡情绪浓厚。但因兵荒马乱，归乡不得，只能借着诗文表达思乡的情感。张以宁晚年诗作中有大量的乡情诗。

至正十三年（1353）张以宁在大都接待同乡阮子敬。当时古田红巾军陆庆八起义刚结束，他向阮子敬了解古田情况。当获知古田历经劫难，赤地千里，大目寺、幽岩寺等名胜古迹被毁，人民流离失所。张以宁悲痛之余十分思念家乡的亲人。于是写下《送重峰阮子敬南还》（节选）：君家重峰下，我家大溪头。君家门前水，我家门前流。我行久别家，思忆故乡水。何况故乡人，相见六千里。诗人把流落异乡，羁旅孤愁之情，表现得淋漓尽致。在《次李宗烈韵其二》与《次李宗烈见赠韵》两首七律中吟道："作客愁多仍岁晚，还家梦远易天明。""君可归欤吾未得，百年怀抱向谁倾。""秋风同是天涯客，独对黄花酒屡赊。报主力微怜老骥，念亲心在愧慈鸦。"都流露出深深的思乡情绪。

至正十九年（1359 年），张以宁因出公务，到得山东海边，看到惊涛拍岸的海水，想起故乡的闽溪之水，想起当年来北方的情景。此时距离他最后一次返乡已过十年。这十年，正值元末农民大起义风起云涌之即，刘福通、韩山童、朱元璋、陈友谅等纷纷揭竿而起。战火连绵，归乡不得，鸿音隔断，诗人是多么思念家乡啊。他希望海潮能将书信带回家乡。于是他写下《闽关水吟》：闽关之水来陇头，排山下与闽溪流。闽溪送客东南走，直到嵩溪始分手。客居溪上云几重，乌啼月出门前松。天风吹云数千里，飘飘直度长江水。清淮浩荡连黄河，碧树满地黄云多。梦中长记关山路，陇水潺湲似人语。觉来有书不得将，海潮不上嵩溪阳。平原春晚生芳草，杜鹃声里令人老。行人归来动十年，潺湲陇水声依然。安得湘弦写呜咽，弹作相思寄明月。

洪武二年（1369 年）在出使安南途中，张以宁坐船经过岭南，其时岭南的风景与家乡古田景物相近，触发了他思乡的情感。《立冬舟中即事其一》：一滩一滩复一滩，轻舟荡桨上曾湍。三秋岭外雨全少，十月邕南天未寒。露岸苇花明白羽，风林橘子动金丸。如何连夜还乡梦，不怕关山行路难。《立冬舟中即事其二》：我家溪上白柴扉，久别儿时旧钓矶。兵后故庐悲茂草，梦中慈母念单衣。千年汗竹何多错，万里浮萍未暂归。伫立悲风挥血泪，此身元不为轻肥。

长期寄寓异乡，偶然返乡心情格外激动，而越接近故乡，越感到悲伤凄怆。诗人在《登闽关》中吟道：独步青云最上梯，八闽如井眼中低。泉鸣万鼓动哀壑，山饮双虹垂远溪。家近尚无鸿雁信，客愁复有鹧鸪啼。书生未老疏狂意，更欲昆仑散马蹄。这种思乡之情，现代人是难以体会到的，而那个"家书抵万金"的年代，乡愁是难以抹去的。而另一首诗《建宁府雨中登玉清观》更流露出"不堪回首近乡关"的乡愁和离恨。诗曰：双溪南下绿湾环，碧瓦参差细雨间。水绕玉清来九曲，去归沧海近三山。铁狮昼伏闻钟鼓，白鹤宵飞认佩环。欲结紫霞尘想外，不堪回首近乡关。

诗人的乡愁到了痴迷的地步，常常在梦中回到老家侍候双亲。《腊月梦还家侍亲》写得感人至深：喜著莱衣侍越吟，觉来犹未脱朝簪，五更霜月到家梦，十载风尘为客心。山远稀归啼更苦，海干精卫恨犹深。几时万斛潺湲泪，尽洒坟前柏树林。诗中梦见自己像春秋老莱子侍奉双亲，行年七十还着五彩衣，有意在堂上跌仆哭啼，以取悦双亲，醒来好像自己还没有脱下朝服。其思亲之情跃然纸上。

诗人的亲情乡愁，如若身影。《次韵感怀清明并自述》：翠屏峰前溪上村，万家兵后几人存。十年上冢阻归兴，五夜还家劳梦魂。燕蹴柳花风细细，乌啼松叶雨昏昏。何时步屧青芜路，月上山童候筚门。

乡情又常常与家人骨肉亲情融合在一起。诗人在临终当天写了悲戚的《自挽》一诗（节选）：稚子啼饥忧未艾，慈亲藁葬痛尤深。经过相识如相问，莫忘徐君挂剑心。此诗读之令人动容，一方面，作为翰林侍读学士，并出使安南，应是一名朝廷命官、高级知识分子,可到了晚年却穷困潦倒,"稚子啼饥忧未艾,慈亲藁葬痛尤深",其内心是何等痛楚凄凉和愧疚。另一方面,"一世穷愁老翰林",我们为其清廉而心撼不已。在那"三年清知府,十万雪花银"的封建社会,能有如此清正廉洁、一尘不染的官吏是何等的不易啊!

以宁一生,长期为官在外,淡泊明志,清正廉明。他与伯起交往四十余年,晚年在邕江(今广西南宁市)遇见伯起之子玄略,勾起与其父往昔深深的交情,全诗充满乡情、友情。语言优美、感人。

《别胡长之》:我家玉溪溪上头,流萍南北四十秋。闽中故人稀会面,乃见二妙岭外之炎洲。吾宗泫略佳君子,翠竹鸾停世其美。长之材名与之匹,三胡诸孙固应尔。我持使节安南行,忽逢联璧双眼明。建武驿中饮我酒,一笑万里蛮烟清。桂花榕叶天涯雨,把臂谈诗喜欲舞。虚名误我走俗尘,满意看君听乡语。敝庐荒垄狐兔盈,每一念至几无生。君乘长风破巨浪,功成即为吾乡荣。邕江东流日千里,明年不归如此水。锦衣行昼倘先予,为报音书万山里。

诗人在奉旨出使安南路经广西南宁这一带炎热蛮荒地界,举目无亲之时,恰有两位故乡的贤晚辈来拜见他,这种让他惊喜的心情,通过这首诗,表达得淋漓尽致。泫略是诗人所尊敬的故交有竹先生的公子。胡长之,也应是故乡的贤晚生。诗的前半段,对两位公子赞赏有加,用了许多优美的词汇,称泫略为佳君子,如鸾停鹄立,称胡长之为三胡诸孙。赞他们俩才调相匹,犹如联璧。老人见到两位公子的激动心情更是溢于言表。一见到两位公子,使诗人昏花的老眼一下子明亮起来;驿中饮酒谈笑的气氛好像要把笼罩在这一带的重重蛮烟瘴气一扫而清。诗人高兴得不讲长幼礼俗，和两位青年人挽着手臂谈诗，显得何等亲热，简直要失去长者的矜持和尊严，手舞足蹈起来了！

然而，在这极度兴奋之余，悲也从中而来。诗人想到自己为了虚名而久别家乡，犹如在乡音的美梦中惊醒，想到故乡破屋、荒坟都成了狐丛兔穴，怎不令人痛不欲生！诗人知道这一去天涯海角，犹如邕江之水东流，一时是回不到故乡的了。在喜与悲的夹缝里，诗人这种思乡念亲的悲怆之情，便流露在诗末的字里行间。他只希望故乡的两位年轻人能乘风破浪，功成名就，待到衣锦还乡之时，为他向远隔万山之外的家人报个音讯。

《雨》：历历愁心乱，迢迢客梦长。春帆江上雨，晓镜鬓边霜。啼鸟云山静，落花溪水香。家人亦念我，与汝黯相望。这是一首五言律诗，写舟中遇雨。全诗贯穿着"离愁"之绪。诗的首联，一个"乱"字，把愁心之苦展现在读者面前，接着一个"长"字又把羁旅异乡之久凸显出来。接着写春天在舟上遇雨，早起对镜感慨自己两鬓已经霜白。春雨加老境无形中又增添了一层愁思。颈联写举目远眺，云山之中的鸟啼似乎使山愈发寂静，那漂流着落花的溪水似乎尚有余香。"啼鸟云山静，落花溪水香"，触景生情，这种景物对于有离愁的人来讲，更易刺激愁思。诗人在尾联以逆向的思维，不说此时我很想念家人的常规写法，而是说"家人亦念我，与汝黯相望"。这就加大了"离愁"的力度，增强了诗的魅力。这就是诗人的艺术性的高超。

# 太祖声声我以宁

　　自从洪武元年（1368 年）冬张以宁到南京投靠明王朝以来，每次上朝论政或接受咨询，都能提出切实可行的意见和办法，皇帝深表赞许。忠于君国，机智善谋，处事沉稳，外交经验丰富，是朱元璋对他的基本判断。洪武二年（1369 年）六月，安南派出的使者同时敏到达南京，请求册封安南。其时，蒙元残余退居大漠，但余威仍在，明朝周边众多小国仍是元的藩属国。安南是第一个向明朝廷请求进贡册封的邻国。事涉边疆稳定，朱元璋对赐封事宜极为重视，对出使人选反复考量，最后将目光放在以宁身上。

　　"君王亲重儒臣选"，张以宁对皇帝的信任是有充分认识的，"丈夫不为将，则为使，折冲万里外足矣"，"大隐金门三十载……今朝一吐虹霓气"。不顾老病之躯，面对岭高瘴气重的艰险路途，他毅然决然地于是年六月底迈上了出使安南的路途。十月份在龙州获悉安南老国王去世的消息，张以宁马上向朝廷发出密件速递，汇报安南发生的情况及请示处理对策。

　　明洪武三年（1370 年）四月十四日，明朝开国第三年，都城南京天气和暖，鲜花绽放，市民悠游自在地行走观景，到处洋溢着安定祥和的气氛。一派欣欣向荣新王朝的景象。这时，皇宫门前来了一帮急匆匆的人，要求觐见皇上。原来他们是来觐见的安南使团一行，同时到来的还有去而复返的典簿牛谅、内监阁初阳。朱元璋早就盼望着使团到来，于是即刻传旨召见使团。

牛谅、阁初阳等人当面汇报了此次出使分封安南的主要情况：使团到安南时，老国王去世、世子继位。面对这一突发状况，以张以宁为首的明朝使团要求安南国先行向明朝廷报丧，再行请示赐封事宜。牛谅还汇报了张以宁带领的使团与安南交涉的其他事宜，比如商定今后对待明朝使臣行叩首礼，改变原先安南向元朝所行的鞠躬礼。经牛谅再次汇报后，朱元璋龙颜大悦，不停点头肯定，亲自赐诗八章十首并序，诗中描述出使安南的艰险情形，肯定张以宁的忠贞之气，表达对张以宁的挂念，对张以宁慎言保身戒财叮嘱等。高度赞扬道："抱忠贞之气，奋守节之刚，使之善者，以宁也。"一再称其"我以宁""卿"，综观自有明一朝，未有第二人享此殊荣。

对人对事苛刻严谨的朱元璋为何会对张以宁如此厚爱呢？关键是张以宁的出色表现获得了皇帝信任。

尽显忠贞。赐封安南，事关外交大事。此时明朝刚建立，儒臣多是由元入明，忠诚度难以把握。受传统忠君思想影响，在元明之际，一些由元入明知识分子仍是对元朝有念想。朱元璋多方考察、听取多方意见，最终将目光放在了宿儒张以宁身上。决心已下，他及时召见了张以宁。南京去安南，驿路迢遥，瘴气潮湿，骑马、步行、乘船，远涉重洋，关山艰险，这对于一个将近七十岁的老者确实是一个重大的考验。即使面临现实的困难，以宁也毫不犹豫地接受。"今朝一吐虹霓气，万里交州入马蹄"，他把为国为民作为毕生追求的抱负，册封安南，于他而言，是个求之不得的机会，前路有多少艰险劳累，面临怎样的不测命运，又算得了什么！张以宁最终用他出色的表现，赢得了皇帝赞许。朱元璋赞叹：承差不避言君命，自是前贤忠义传。

出使履职得当。安南是明朝建立后，分封的第一个附属国，外交处理得当与否，对周边邻国能否积极归附，为明朝创造良好的外部环境，从而腾出手来消除北元势力影响至关重要。此时明朝刚建立，需要对外展示天朝气象，但各项礼仪秩序并未完备，熟练掌握外交礼仪的人才更是少之又少。对于安南国老国王去世、世子继位的情况变化，张以宁向安南国提出派遣使臣向明朝廷报丧，请示赐封新王。做出这样的决策，绝非易事。一方面，皇帝远在万里之外，无法及时请示，一旦不合圣意，有可能身家不保。另一方面，安南国内政治形势不稳，世子急需明朝加持，才能坐稳江山。在这一关键时刻，张以宁能坚持外交原则，暂不授印诏，督使安南再行请命明朝廷，后来明朝廷派出了林弼、王廉前来赐封，维护了皇权权威。朱元璋赞叹以宁，"抱忠贞之气，奋守节之刚""使之善者，以宁也"。同时张以宁教礼安南，使安南人将大礼由揖礼改行中华稽首礼。服从中华风俗教化是安南向服明朝的大事，张以宁能推动完成这件事，忠贞与才干表露无遗，朱元璋大为赞赏。揖礼是双手合拳行礼，在中原内地，这仅是兄弟朋友平辈之礼。稽首礼为跪拜在地、磕头碰地之礼，这是对长辈或君王之礼。可想而知，在重视礼教和等级的古代社会，接待明朝君臣时是用揖礼还是稽首礼是何等重要的大事。非经斗智斗勇，难以让人接受这一转变，而张以宁却做到了。当时，明王朝与安南国正处于建交阶段，礼节的确立涉及两国关系是兄弟之国还是君臣之国关系。

为人洁清。出使他国，外交上礼物往来，是常有的事。要把握适度的分寸，否则，一步不慎，很可能陷入贪欲腐化，误国误己。在《戒财》一诗中，朱元璋仔细叮嘱："海滨邦国宝多珠，勿为区区化作迁。此去尔家丰俸禄，好将方寸向前图。功名千载诚难得，一失应须目下污。记得黄金乘夜送，四知不纳却来诬。"这是朱元璋对以宁的谆谆教导，是生怕他在廉洁自律上犯下错误。西汉时期陆贾奉刘邦之命出使安南，收受安南重金。朱元璋最痛恨元朝贪官污吏，他本人深受其害，对贪官必欲除之而后快。明朝初建，朱元璋要在各级官吏中树立清官典型，对张以宁反复进行廉政提醒。张以宁出使安南途中作诗云："四十余年金榜客，玉堂人诧笔如飞。君王亲重儒臣选，肯受南方一物归？"廉洁本是朝廷对官员的纪律约束，张以宁自觉遵守之。张以宁果然没有辜负朱元璋的期望。他本人在临终所作的《自挽》描述：

一世穷愁老翰林，南归旅榇越山岑。

覆身粗有黔娄被，垂橐都无陆贾金。

稚子啼饥忧未艾，慈亲藁葬痛尤深。

经过相识如相问，莫忘徐君挂剑心。

这首诗是对张以宁廉洁自律的极好佐证，这既不是张以宁向世人表功的诗，也不是张以宁自怨自艾的诗。此诗前半部分表明对家人的遗憾，后半部分表明对国家的遗憾，重点还是最后一句："莫忘徐君挂剑心"，他遗憾的是，未能参与完成册封安南的最后一步礼仪，并面见皇帝报告册封过程。直至临终时刻，他心里挂念的，还是国家和君王。

听闻张以宁去世，朱元璋深表悼念，下旨中书省派遣驿臣张禄护柩回国，沿途驿站焚香祭奠，同时钦命有司择地修坟，派人护送在京家小回乡，并给三年俸禄。在家乡古田立玉堂金马牌坊。皇帝朱元璋给予的恩宠无以复加，张以宁忠贞之气名扬全国，一时名士无不扼腕叹息，纷纷写下挽诗吊唁。

张以宁去世后，石光霁搜集、整理张以宁诗集，并于洪武二十三年庚午（1390年）二月初刊行。石光霁跋其诗集云："先师张先生，三山之古田人，幼而聪慧，长而博学，未壮，登李黼榜进士第。与其同年黄子肃、江学庭诸老，俱有声当代，而先生之名尤著。宦途中厄，留滞江淮。光霁获从之游，昕夕聆诲，为益不少。素欲寿其遗稿，以报万一。近罹多故，散逸罕存，仅得其杂诗百篇，姑锓诸枣。余俟求之，次第刊行，非止是而已也。时洪武庚午二月初吉国子监博士淮南石光霁再拜谨书。"足见师生情谊之深厚。随后又于次年（1391年）春收到张以宁之孙张坦寄送的诗歌若干篇，整理后刻印为《翠屏诗后集》。洪武二十七年（1394年），张炬携带一部"诗文全集"来访。石光霁遴选其中部分文章，经核对校勘后刊行为《翠屏文集》。宣德三年（1428年），张以宁孙张隆对此前刊行的张以宁诗文集进行汇总和补充，刻印《翠屏集》。此后，张以宁曾孙张淮又于成化十六年（1480年）重新刻印《翠屏集》，亦有四卷。从内容和文本而言，成化本可谓是《翠屏集》的定本。

天行健，君子以自强不息；地势坤，君子以厚德载物。先贤的脚步，永远定格在了他生活的时代。先贤的精神力量，具有恒久的穿透力。立德、立功、立言，是古代读书人的最高追求，张以宁用他一生实践，践行这一追求。中华民族之所以生生不息，永续不绝，秘诀即在于中华优秀传统文化，以仁义礼智信、恭宽信敏惠、自强不息、包容和谐等为内容，以诗书礼易乐、诸子百家、经史子集等为载体，靠一代代优秀知识分子持之以恒的努力来实现。张以宁是其中之一。在元朝抑制汉族政策下，他注定是一个孤独的行者，但他仍能在文化上自觉自信，持之不懈地努力，同时坚守清廉自守的品质，滋养着中华民族的精神家园。这些精神至今鼓励着中华民族后辈探索创新、自强不息，成为代代相传的宝贵财富。

玉堂金马牌坊，诉说着古田先人昔日的荣光。张以宁，这位古田先贤的故事在家乡传颂不衰。他呕心沥血创作的诗歌在课堂上诵读，在歌曲中传唱，他的文脉在玉田大地上持续传承。他创作的乡情诗，乡土味中带着浓浓的乡情，让古田人更加热爱古田，激发古田人齐心协力建设美丽古田的热情。

附录

# 张以宁的《翠屏集》

江　山

　　张以宁二十七岁登进士第，仕元、明两朝翰林，一身正气，一世穷愁，却赢得满腹诗书而一鸣天下，为后人留下灿烂的文化遗产。他八岁能诗，因在县令面前赋《琴堂诗》而释伯父之狱。他的诗文一路写来，写到翰林院，被人呼为"小张学士"。"小张"是指他在翰林院中最年轻；"学士"不仅是头衔，实际上也是赞他为"饱学之士"。他把诗文写到安南，直到他生命的最后一口气，还写成一首令人痛彻心扉的《自挽》。

　　张以宁家在古田县城翠屏山下，所以他自号翠屏山人。他一生心血凝成的诗文集，也以翠屏为名。由于他一生清廉为官，家贫如洗，根本不可能有余钱剩米去雕版刊印他的诗文集。所以，他最初的《翠屏集》就是自己整理抄写的手写本。洪武二年（1369年），张以宁与被称为开国第一文臣的宋濂在京师会面，人称"双星聚会"，两人"各出所为旧稿"互相欣赏。这些张以宁的旧稿，也就是他最早的《翠屏集》了。但此集中所收集的是古文，诗文尚未在集中。

　　张以宁出使安南时，在安南滞留了半年之久，除了在继续完成他的大作《春秋春王正月考》之外，也在整理他的诗文。他的安南行稿是由两位安南的后生阮太冲和阮廷玠为他抄写的。因为这两位后生是安南知名的善书者，楷隶皆精，所以这是他最精美的《翠屏集》手写本了。

洪武三年（1370 年）七月，张以宁的儿子孟晦持翠屏稿来请宋濂作序，宋濂在序中对张以宁的古文给予了极高的评价："今观先生之文，丰腴而不流于丛冗，雄峭而不失于粗厉，清圆而不涉于浮巧，委蛇而不病于细碎，诚可谓一代之奇作矣！先生虽亡，其绚灿若星斗，流峙如河岳者，固未始亡也。"

有了宋濂这无以复加的评价，孟晦就把《翠屏集》雕版刊印出来了。但收入文章数量并不多。然而，这毕竟是《翠屏集》的首次木刻本。

之后，张以宁的高弟石仲濂"遣其子诣维扬，购先生遗稿，得诗百余篇"，要请他的同年友国子监助教陈南宾作序，目的是"姑以其存者锓诸枣，而其未得者，续当求而传之"。也就是说，把现有搜集到的诗文先拿去雕版刊印，其他一时没有发现的再继续搜求，让它们能传于世。陈南宾的序作于洪武二十三年（1390 年）二月，我们从明成化十六年（1480 年）《翠屏集》刻本中发现在诗集部分文末有一段石光霁的题跋，言他自己"欲寿其遗稿以报万一，近罹多故，散逸罕存，仅得杂诗百篇，姑锓诸枣，余俟求之，非止是而已也。时洪武庚午二年初吉，国子监博士淮南石光霁再拜谨书"。从中可知在石光霁手上刻有翠屏诗集，但诗的数量不多，只有百来首，这应该是《翠屏集》诗集最早的刻本了。

　　到了洪武二十七年（1394 年），张以宁的儿子张炬（孟晦）也携乃父诗文至石仲濂处。仲濂又请翰林学士刘三吾为之作序。我们从明成化本《翠屏集》的文集后面又看到有石光霁在洪武二十七年（1394 年）十月为《翠屏集》写的后序。称"先生篇什浩繁，不无错简。姑为校其无误者汇而成编，题曰《翠屏张先生文集》"。可见其时又刻有张以宁《翠屏集》的文集。至此，既有诗集又有文集，拟或已汇成一册，这便是《翠屏集》洪武本。这一版本有刘三吾和陈南宾对《翠屏集》的评价，颇显珍贵。

　　刘三吾赞张以宁的古文"得大音完全之体，其正气浑涵，有不与时俱磔裂，而节制以柳，宏放以韩与苏，醮经沃史，吞吐百代，治世之音完然也"。陈南宾在序中评张以宁的诗，称"其长篇，浩汗雄豪似李；其五七言律，浑厚老成似杜；其五言选，优柔和缓似韦，兼众体而具之"。可更贵之处是，他用书法写成这篇序，依其字体雕版印制，为《翠屏集》增色。因为他是当时著名的书法家。

　　到了明宣德三年（1428 年），张以宁的孙子张隆任南雄保昌儒学训导时，要把他祖父在安南整理的诗文稿作为《翠屏集》的续稿，准备续版行世，请南京国子监祭酒、礼部侍郎陈琏为之作序。陈琏在序中赞美张以宁的诗文"其气深厚而雄浑，其辞严密而典雅，不务险怪艰深以求古，不为绮靡缋丽以徇时。其五七言古诗及近体诸诗深郁雄健者，可追汉魏；清婉俊逸者，足配盛唐"。陈琏在序中还说，"先生著述至是始克全见"。这次行世的《翠屏集》，应该是收入诗文最多、最全的诗文集了。《四库全书》收入的就是宣德三年（1428年）版的《翠屏集》，其中序4篇，诗446首，文93篇。

明成化十六年（1480年），张以宁的曾孙、广东肇庆府德庆州训导张淮捐俸重印了《翠屏集》。这次的《翠屏集》，收录的诗文和宣德三年（1428年）版本基本一样。此刻本印有注明文字，称"诗文一依监本。博士石仲濂先生拟点，中间漏板不复刊行，今将家本增于后。"另外，在《翠屏集》目录之后，还有一段说明文字："前国子监博士门人石光霁编次，德庆州儒学训导嗣孙张淮续编、德庆州儒学学正后学莆田黄纪订定、德庆州判官后学闽泉庄楷校正。"

这两段文字体现的是，这次刊行的是洪武本和宣德本结合起来重印，而且是"监本"，即官刻本，不是"家本"，是由德庆州官府去印行。所以编辑人、续编人、订定人、校正人和捐俸人都被列入书中。

从宣德三年（1428年）到成化十二年（1476年）这半个世纪之间似乎还有《翠屏集》的版本。因为明代县令杨德周在崇祯壬申年（1632年）拜谒张以宁墓时，见到了张氏后人出示的《翠屏集》，其中除了张以宁的诗文外，卷前另有数十名公纪念张以宁的诗，特别是从中见到有一篇由大学士黄淮写的序。黄淮在1449年就去世了，其作序的时间起码比成化十二年（1476年）早三四十年。

《翠屏集》于成化十六年（1480年）印行之后，一直到清代乾隆三十八年（1773年）近三百年间，已无再版行世。张氏后人也不能保存原版，把它抵押给丁氏，闲置百余年，以致缺失严重。

乾隆三十九年（1774年），古田县县令万友正在拜谒张以宁墓时，访及张氏后人后，命丁氏将残版献出，又从任大冶令的林国梁家得到他家所抄的《翠屏集》残本，与丁氏家所藏的残版缺失的内容正好相符。于是，万友正集县学里的诸生缮校抄录以成全璧，献给《四库全书》馆。

与此同时，万友正又寻得明弘治元年（1488 年）由古田县县令侯昶和训导张瑄以县府名义编印的《张氏至宝集》木版，与《翠屏集》两版合刊，印制了《翠屏全集》。这本全集，除了原有的《翠屏集》全部内容外，还有《张氏至宝集》的全部内容。《张氏至宝集》中收有明太祖朱元璋给张以宁的诰命玺书和赐给张以宁的诗十首，以及数十位名公近百篇纪念张以宁的诗。同时，还收录有《明史·张以宁传》。万友正的《补刊翠屏张先生文序》，还有石光霁事迹也都收录其中。可以说万友正的《翠屏全集》是史上内容最全的一版《翠屏集》。

比《翠屏全集》迟十年行世的《四库全书》，所采用的《翠屏集》是清代藏书家，宣德三年（1428 年）刻本，没有采纳万友正的《翠屏全集》，因而就没有了《张氏至宝集》中的那么多珍贵的内容。

《四库全书》问世后，就没有出现《翠屏集》新的版本了。

直到 2012 年，古田县县政协为挖掘张以宁文化，成立了张以宁文化研究会，从文渊阁版《四库全书》中影印了《翠屏集》。同时，福建师大游友基教授同样根据《四库全书》版本，以横排版简化字加标点编印了《翠屏集》，还补充了一部分张以宁的佚诗佚文，以及与张以宁有关的史料，算是《翠屏集》的现代版了。

# 张以宁年表

张则建

### 元大德五年辛丑（1301年） 一岁

四月十五日生于福建古田翠屏山下东塔村。字志道，号翠屏山人。祖，留孙，湖广佥事，元赠礼部尚书。父，一清，元中奉大夫，福建、江西省参知政事。生母陈氏，为父一清续弦。母有娠，"一夕梦小儿擎荷叶向月而拜，觉而生公"。（杨荣《故翰林侍读学士朝列大夫张公墓碑》，以下简称《张公墓碑》）有同父异母兄弟颐、兴、野。为汉留侯张良四十五世裔孙，梁国公张睦十二世裔孙。

### 大德十年丙午（1306年） 六岁

"襁褓中即嗜读诵。甫六岁，日记千言，尝与群儿游寺中，僧人难之以对，随口酬应，意甚超卓，闻者歆羡。"（杨荣《张公墓碑》）

### 至大元年戊申（1308年） 八岁

"人讼其伯父，逮于狱，公忿不能平，诣邑伸理。令异其言有条序，命赋《琴堂》诗，立就，且出语新奇，伯父由是得释。"（杨荣《张公墓碑》）

### 至大三年庚戌（1310 年）　十岁

"年十余，日授书十三帙，帙三纸。道真夜宿火，至四鼓，自起爇灯，呼儿诵书，坐其旁以俟，顷刻皆能暗记。黎明，命之出，送至斋门乃还。"（宋濂《闽二妇传》）

### 延祐二年乙卯（1315 年）　十五岁

"承父命，往宁德，受学于韩古遗。"（杨荣《张公墓碑》）

韩信同（1252—1333），字伯循，号古遗，宁德人，朱熹再传弟子陈普门生，理学家。以宁在其指授下，对宋代濂学、洛学、关学、闽学诸典籍刻苦搜览钻研。诗学思想受严羽"诗取盛唐"及"妙悟"说影响。"予蚤见宋沧浪严氏论诗取盛唐。"（《翠屏集》卷三《送曾伯理归省序》）"氏……亦以禅谕诗，不堕言筌，不涉理路，一主于悟矣。"（《翠屏集》卷三《黄子肃诗集序》）

### 延祐六年巳未（1319 年）　十九岁

经五年苦读，回古田，"学业大进。乡之学者莫不推许之"。（杨荣《张公墓碑》）县尹陈均常访，与之倾谈理学及"五经"精义。

### 延祐七年庚申（1320 年）　二十岁

约于是年，娶太原宋氏为妻，生四子：烜、燧、炜、煜。烜、燧、炜早逝，未仕。煜后以明经举湖广蒲圻县尹。（杨荣《张公墓碑》）

### 泰定三年丙寅（1326年） 二十六岁

"赴杭州参加乡试，中式。试卷得考官袁桷赏识。偕一起赴考之宁德人黄泽、韩瑕、林鹤山游武夷，登幔亭峰。"（《翠屏集》卷二《丙寅乡贡同宁德黄君泽韩君瑕林君鹤山登幔亭峰今十五年矣赋此并怀黄子肃同年》）荣归故里，县尹赵孟吁设筵接风。

### 泰定四年丁卯（1327年） 二十七岁

"荐于杭，试于京师。"（《翠屏集》卷三《黄子肃诗集序》）以《春秋》登进士第。"未壮，登李齵榜进士第。"（石仲濂《翠屏集跋》）

八月十二日，崇天门传胪赐进士右榜第一人阿察赤，左榜第一人李齵。是日京尹备鼓乐旗帜麾盖，状元、榜眼、探花及以宁等进士以门生礼拜谢座主。围观者万人，昔未有也。欧阳玄有诗云："禁院层层桃李开，天街绣毂转晴雷。银袍飞盖人争看，两两龙头入学来。"张以宁后在《李秀才琴所卷》中云："圭斋先生吾座主，""忆昔我从成连仙，夜鼓一曲蓬莱巅。"（《翠屏集》卷一）三十年后，以宁在《湛渊王提点招饮出示座主马中丞诗归赋此谢之》云："昔我乘槎斗边去，亲饮仙人玉杯露。丹成一别三十秋，东望玄洲隔烟雾。"对座主马祖常满怀感激之情。（《翠屏集》卷一）作七律《丁卯会试院中次诸友韵》二首，云："方知取贵凭文字，可信封侯只笑谈？直拟横空轻似鹗，莫为作茧老如蚕。""云烟满纸文裁锦，

星斗罗胸气吐虹。礼乐兴隆千载后，人材涵养百年中。"充满昂扬之气。（《翠屏集》卷二）

张以宁为元代古田县唯一进士。授黄岩州判官，曾拜访恩师韩信同，求教为官之道，韩信同作《赠黄岩尹》示之："有客有客云锦裳，驱车过我鱼虾乡。……"（清·卢建其修，清·张君宾编纂，福建省地方志编纂委员会整理；《宁德县志》卷之九《艺文志》，厦门大学出版社，2012年版，第563页）

黄岩州判官张志道诗《奉上御芝隐公》，述古田县杉洋李氏先祖芝隐公筚路蓝缕，在此地建宅，现已"五星聚堂文气旺，家家弦诵而诗书"。（杉洋李氏《天潢衍派》族谱记载张以宁佚诗）

### 泰定五年戊辰（1328年）　二十八岁

"初任黄岩州判官，不逾年，以计擒捕海寇殆尽，民赖以安。"（杨荣《张公墓碑》）"时海贼频年为州人新害，意以宁儒者必懦怯无备。以宁先募民兵，乘小舟潜布，以俟贼至，一鼓悉擒之。"（明·黄仲昭纂修《八闽通志》卷之六十二人物）

### 天历二年己巳（1329年）　二十九岁

"己巳春，与胡允文、赵彦直、陶师川游鉴湖，陟玉笥，登山阴兰亭"，"酒酣赋诗，一概千古"。十年后，以宁忆及此事，赋诗云："忆昔鉴湖携窈窕，故人吐气皆如虹。""仙人垂手授玉书，仰首云间五情热。"（《翠屏集》卷一）

作《鉴清轩》。

是年，黄清老《张志道别都门》"……三年离别尊前话，倾倒何时更似今。"《樵子集》黄清老，邵武人，字子肃。笃志励学，与张以宁同时于元泰定四年（1327年）中进士，任翰林国史院典籍官。离别三年，今天在京城相见，倾情而谈又分手，何时还能再相聚倾谈。

《送奚子云归吴江州序》，"予佐黄岩日，善进士阜孔尹世平。己巳（1329年）冬，乘传过吴江"。（《翠屏集》卷三）《杨氏世谱序》："黄岩为台附庸于浙水东……别二十余年，其岁己丑（1349年），始见岩士杨子益于亦师。"在京师，张以宁见黄岩杨子益。其乃汉太尉，著名清官杨震之后。二十年后，张以宁曾为其撰《杨氏世谱序》。

祖母赖氏道慈（1250—1329）去世，享年八十岁。"以宁二十七以《春秋》擢泰定丁卯进士第，繇国子助教八迁而为翰林侍讲学士，秩二品。累赠道慈清河郡夫人。"（宋濂《闽二妇传》）

## 至顺元年庚午（1330年）　三十岁

是年，（或前一年）升任真州六合县县尹。"继升真州六合县尹，有惠政及民。"（杨荣《张公墓碑》）

后作《忆六合》："江北淮南三月时，火烟漠漠柳丝丝。好花一夜霜都落，却是春风总未知。"（《翠屏集》卷二）

至元六年庚辰（1340年）南归途中作《送徐君美之六合县尹》

谓"山县棠梨树""春郭千花合"。对六合之回忆颇为温馨。（《翠屏集》卷二）

### 至顺四年癸酉（1333年）　三十三岁

约于是年，娶大名宋氏为妾，生一子炬。炬后以茂才荐任江西新淦（今新干）知县，官至刑部员外郎。

"至顺壬申十月初十，殁于正寝，寿八十有一"。"先生既殁，门人思慕不置，至有庐殡侧者。""以宁谨再拜，序次学行读，示诸当世之儒宗，以图不朽焉。""至顺癸酉五月望日，门人，从仕郎，扬州路六合县尹劝农事古田张以宁谨状"（《古遗先生韩公行状》）。行状文明确，五月十五日，张以宁于扬州路六合县县尹任上谨撰《古遗先生韩公行状》，祭奠恩师，为师扬名，以图不朽。

十二月，张以宁撰并书，碑文为"故孺人林氏墓志铭"，首部记载："武略将军福州路古田县达鲁花赤兼劝事塔塔儿不花录额；从仕郎扬州路六合县尹兼劝农事张以宁撰并书。"（现收藏于古田县博物馆）

### 元统二年甲戌（1334年）　三十四岁

二月，萨都剌作《寄志道张令尹》二首：淮南宣化阁，相对石头城。二月风帆过，满江春浪生。青山行不断，绿野尽开耕。令尹张公子，儿童识姓名。《雁门集》作者萨都剌，字天锡，号直斋，雁门（今山西代县）人。与张以宁同年进士，任江南行御史台掾史，

1334年正月，从上都（元夏都，在内蒙古）还金陵（今南京）途中作《寄志道张公尹》诗二首。

### 元统三年乙亥（1335年）　三十五岁

"予获庚甲戌冬，而乙亥科举罢，徒抱耿耿进退跋嚏。"（《翠屏集》卷二）以宁因上奏朝廷，反对朝臣伯颜废除科举之主张，为伯颜所忌。元统三年（1335年）十一月科举以"滞选法"宣告暂停。（元·熊梦祥《析津志揖佚》）

丁复，字仲容，号桧亭，天台人，寓居金陵。有《同县尹张志道徵士黄观复阴秀才燕集六县校官叶仲庸池坋韵已而互相为和其二次韵殿字》是专写张以宁的诗，云："堂堂琼林客，籍籍金銮殿。一官岩州最，再调淮县见。人生逐日老，世事浮云变。亦有古宫台，凄凉入荒甸。"（《检亭集》清顾嗣立编《元诗选》二集下）以此安慰以宁，也用以自我宽慰。张以宁有诗《喜丁仲容征君至》，以宁对丁复充满了崇敬之情。

### 至元二年丙子（1336年）　三十六岁

任六合县县尹期间，勤政廉洁，刚正不阿，察民情，恤民生，免课税。"有惠政及民"，得到了当地民众的一致拥护与爱戴。

据张以宁《书虚谷记后》："其岁丙子，河中张君所中过予堂邑，班荆而饮，击尊而歌，若有获于予心者。"（《翠屏集》卷四）则丙子（1336年）张以宁仍在六合县县尹任上，估计"坐事"后未即免官。

是年，冬，母亲陈氏道真（1267—1336）去世，享年七十岁。以宁离任返里，服阙三年。

## 至元三年丁丑（1337 年）　三十七岁

萨都剌，至元二年（1336 年）春，南行入闽，任闽海福建道肃政廉访司（治福州）知事。萨都剌在福州乌山办诗会。"晚凉上乌山，置酒天章台。"在苍崖上的镌刻（至今还在）。张以宁参加了诗会。至元三年（1337 年）八月，萨都剌离闽，任燕南河北道廉访司，张以宁送行。

古田城隍庙"乞功于至元丙子"。1337 年，"邑人陈天益、何公益、高天益、程原福请以宁为记""至元三年丁丑七月，翠屏张以宁撰《古田县增广城隍庙记》[（明·万历）《古田县志》]。赞其"岂他郡邑可比欤？"（《翠屏集》卷四）

## 至元四年戊寅（1338 年）　三十八岁

"予观于长乐陈汉臣氏益信。初予友其德初君于三山，汉臣始总角，拜予，予因喜其资之颖悟。其后，予归三山，汉臣与予游滋稔，予又叹其学之赡敏，其文之瑰异，且亟称之。今别予寒暑十有三：而汉臣便以诗文三帙来京，请予序。"（《翠屏集》卷三）可见张以宁于 1338 年、1348 年指导教育于汉臣；1361 年汉臣来京大都请恩师写《陈汉臣文集序》。

## 至元五年己卯（1339 年）　三十九岁

据以宁《送钱德元教谕盱眙序》："至元己卯，予泝淮适汳，同年纳君文灿时长泗之盱眙，握手道间阔，因获览观都梁之盛，苏子瞻、米南宫诸贤之大书深刻照映人耳目。"（《翠屏集》卷三）则是年，以宁已在淮扬。

秋，守制结束，携长子张烜上京，请求复职。冬"将上京师，为兵所阻"。（杨荣《张公墓碑》）

## 至元六年庚辰（1340 年）　四十岁

春初，以宁与子烜到直沽（今天津）沿大运河南下，经沧州、德州、聊城，至扬州，再经常州、平江、嘉兴、杭州、建德、衢州、信州、上饶，归闽中。沿途所作诗编为《南归纪行》，现存 77 首。

烜，以宁长子，一路上，父子二人唱和不息。相互赠答或用烜韵的诗就有六首之多：《途中次子烜韵》《用烜韵呈王赵二明府》《别忻都舜俞用烜韵》《过郭州答子烜和韵》《烜次草萍壁间韵同作》《子烜买红酒》。（《翠屏集》卷二）惜张烜诗散佚，无从知悉父子二人如何通过诗歌互动。总是不放弃教育的机会，与孩子一起，他心情相当愉快，悠闲。

《过辛稼轩神道吊以诗》诗云："长啸秋云白日阴，太行天党气萧森。……"（《翠屏集》卷二《南归纪行稿》）辛弃疾葬于江西上饶铅山，于辛弃疾神道前作此诗意境苍凉，情怀悲壮，为名篇之一。清朝内阁学士沈德潜认为此诗可与杜甫诗相媲美。

自此，留滞江淮十年。留滞原因："服阙，将上京师，为兵所阻。"（杨荣《张公墓碑》）"世乱留滞江淮。"（钱谦益《列朝诗集小传》）

"余游于扬赢十年，骨体素不媚，性疏直，与人出语辄倾倒，不识时忌讳，仕又龃龉，无气势轩轾人，扬多俊彦，士多不鄙与予友。"（《送王伯纯迁葬河东序》，《翠屏集》卷三）

上述主客观原因，致以宁未能重入大都宦场。

江淮十年活动，大致为："教授淮南者十年。"（杨荣《张公墓碑》）以授馆为生，间或离扬，外出参与公务。"昔岁予授徒明时里，承中书命校文汴梁省。"（《翠屏集》卷四《杂记》）"宦途中厄，留滞江淮。光霁获从之游，昕夕聆诲，为益不少。"（石光霁《翠屏集诗集跋》）石光霁，字仲濂，泰州人。受学于张以宁，洪武十三年（1380 年），以明经举，授国子学正，进博士，工文，能传以宁之学。有《春秋书法钩元》传世。（《明史·文苑》）

教授淮南者十年。王钝、石光霁皆其门人也。（杨荣《张公墓碑》）（《景印文渊阁四库全书》第一二四〇册，《文敏集》卷十九）

《题马致远清溪晓渡图》先生自注："致远，广西宪掾。子琬，从予学。"（《翠屏集》卷一）马琬（？—1378），字文壁，号鲁钝生，马致远之子，秦淮（今江苏南京）人。以宁门生，元末明初画家。有志节，工诗善画，诗工古歌行，画长山水，官至抚州郡守。

江淮十年，以宁潜心研习古文，其诗文创作进入成熟期。"后丁时多艰，留淮南者久之。复力学不倦，锐志古文辞。自先秦两汉唐宋以来诸大家文章靡弗周览详究。矧所友，皆一时鸿儒硕士论辨淬砺者，有年，积之既久，渊渟涌溢沛乎其莫能御。每操觚立言，引物连喻，贯穿经史百氏，而一本于理。其气深厚而雄浑，其辞严密而典雅，不务险怪艰深以求古，不为绮靡缛丽以循时。其五七言古诗及近代诸诗沉郁雄健者，可追汉魏。清婉俊逸者，足配盛唐。盖可谓善学古人者也。"（陈琏《翠屏集序》）

## 至正元年辛巳（1341年） 四十一岁

有诗《丙寅乡贡，同宁德黄君泽、韩君瑕、林鹤山，登幔亭峰，今十五年矣，赋此并怀黄子肃同年》（《翠屏集》卷二）回忆十五年前乡试时，与好友登山事。

## 至正三年癸未（1343年） 四十三岁

"予佐黄岩日，善进士曲阜孔君世平。己巳之冬，乘传经吴江。……别去十五年，世平官广东，予滞留淮左，思世平不可见，不知世平思予乎否也。今年寓广陵，与奚生子云同旅舍。"（《翠屏集》卷三）为友人孔世平作《送奚子云归吴江州序》。

## 至正四年甲申（1344年） 四十四岁

有诗送黄岩县故人如晦上人，诗题《予别黄岩十又六年，谬焉德薄，父老当不复记。然区区常来于怀也，如晦上人来见，语亹亹

不能休，别又依依不忍释，予不知何也，赋此以赠》。（《翠屏集》卷一）

## 至正八年戊子（1348 年）　四十八岁

留滞江淮十年期间，主要有两次回闽。一次是庚辰南归（1340年）；一次是戊子（1348 年）回闽。作《宿南岭书》《送地理先生郑隐山序》《古田县临水顺懿庙记》《桐华新稿序》《草堂诗集序》《赵希直诗集序》《蒲仲昭诗集序》《送方德至漳学训导序》《无外说》。这九篇著作被收入《翠屏集》。

春夏之交，受南岭好友邀约，前往喝酒叙旧。作《宿南岭书》："今日初听乡人语，八载淮南此日回。"（《翠屏集》卷二）

是年，游历泉州，其间，广交当地名流，参与并主持桐华诗社活动，为诗社遴选诗文结集《桐华新稿》并为之作序，还分别为孙彦方的《草堂诗集》、赵希直的《赵希直诗集》和蒲仲昭的《蒲仲昭诗集》作序，成为研究元代泉州社会，以及孙、赵、蒲三大家族史的珍贵史料。（《翠屏集》卷三）《桐华新稿序》折射出元代泉州经济繁荣和文化昌盛的社会风貌，《草堂诗集序》记录了孙胜夫祖孙三代的信息，《赵希直诗集序》反映了赵氏族人在入元后为生存而选择低调处世的人生哲学，《蒲仲昭诗集序》则刻画了一位潜心研学唐诗的阿拉伯后裔诗人形象。

冬月，以宁在守制，以宁父一清（1265—1348）去世，寿八十有四。其间为写《送地理先生郑隐山序》也足见以宁仁厚之心。

## 至正九年己丑（1349年） 四十九岁

古田县临水顺懿庙始于丁亥（1347年）秋建造，"迄戊子（1348年）春落成"。请为记。"己丑岁春正月吉日，以宁作《古田县临水顺懿庙记》。"（《古田县志》［明·万历］艺文志第147页）赞顺懿夫人"御灾捍患，应若影响，于民生有德岂浅浅哉？"（《翠屏集》卷三）

春，为莆田方德至作《送方德至漳学训导序》，"天雨新止，骊驹候门，酒再行，序以别之"。（《翠屏集》卷三）

四月，于富沙（今南平）别玉清无外兰尊师，作《无外说》。（《翠屏集》卷四）

是年，淮安郡泗州之属邑天长县文昌祠兴建，"始九年夏，迄秋落成"，请为记。以宁代淮东金宪杨惠子宣作《天长县兴修儒学记》。主张"严庙记，使儒知所遵。崇堂庐，丰厚稍，使士有所居所养。日肆月稽，较其艺，拔其尤，使贤者有所阶"，"陶成于诗书，兴起于礼乐"，"教育之不具者，令之责也。自修自养之不力者，士之过也"。（《翠屏集》卷四）

夏，赴大都。"予己丑夏辞家客燕二十年。"（《翠屏集》卷二）"予以岁己丑至京师。"（《翠屏集》卷三）

居燕二十年，正是社会动荡、战乱频仍的年代。1345年，黄河在济阴决口；1347年，沿江多处人民反元起义。1348年起，方国珍、刘福通、张士诚、朱元璋先后起义，直至1368年明军攻占大都，元灭亡，明立国。

"别二十余年，其岁己丑，始见岩士杨子益于京师，今年夏，嗣见于胄学，出其世谱，再拜请予序。"（《翠屏集》卷三）

杨子益（必谦）持《杨氏世谱》来请张以宁作序。以宁祝愿杨氏家族"穹然而屹立"。相当全面地探讨了杨氏族谱问题。

## 至正十年庚寅（1350 年）　五十岁

"昔岁予授徒明时里，承中书命校文汴梁省。诸生皆忧予南士不善骑。时同事贺方、许寅先驺往三日矣。予至真定追及之。"（《翠屏集》卷四《杂记》）以宁赴大都，先在明时里太史院东（今北京建国门内观象台一带）授徒。

"至正中，复起为国子助教，后迁待制侍读学士。以宁有俊才，元末遗老多物故，以宁独擅名于时，人呼为'小张学士'。"（《四库全书·史部·传记类·总录之属·殿阁词林记》卷四）《明史·文苑传》亦有类似记载。

"其岁至正庚寅，始识翰林侍讲学士徐君施奋于濠守汪同年寓馆。"后交往颇多，为其无间轩作《无间轩记》，赞其学道已无间，"内外之无间""内外之两忘""盖学而进于是乎"。（《翠屏集》卷四）

## 至正十二年壬辰（1352 年）　五十二岁

读《唐兀敬贤孝感记》（国子司业潘迪作），为之感动。立春日，

于左屯之嘉禾堂作《书唐兀敬贤孝感序后》。（《翠屏集》附录）

接受嘉禾堂主人李彦辉之请，于立春日，作《知止斋后记》，赞唐兀敬贤能"知其所知，止其所止"。谓"他日敬贤倘见予，当为更仆言之"。（《翠屏集》附录）可见二人尚未见面。

进国子监，为国子助教。

沈元素，古田县人。从学于张翠屏。元时赴都写金字经，福州府授教，后谢归。洪武初，举授古田学训，创立学舍，师道甚严，造就书生，皆有成绩。书篆琴画皆工。后擢佥宪，祀名宦。[清·乾隆版《古田县志》由知县辛可于乾隆十六年（1751 年）修篆成书，见第 271 页]

## 至正十四年甲午（1354 年） 五十四岁

以宁"十年在扬州，五年在京城"，于六千里外，见到来自故乡的阮子敬，旋即送别之，更添乡愁，作《送重峰阮子敬南还》，云："我行久别家，思忆故乡水。"（《翠屏集》卷一）

## 至正十六年丙申（1356 年） 五十六岁

承中书命，校文辽阳。"岁丙申，忝助教，复校文辽阳。时未毕，丁巳（1317 年）同事者梁庸又先往，一生规予从骑，谓予不善骑，且逾渔阳岭，……皆难行。予烛其情，不之许。亟追至大宁，又及之。"（《翠屏集》卷四《杂记》）

作《都城春日再次前韵》，云："愿见年丰人饱饭，广文官冷

底须论。"（《翠屏集》卷二）

## 至正十八年戊戌（1358 年）　五十八岁

作《崇义书院记》，赞唐兀崇喜之"崇义"精神。（《翠屏集》附录）

## 至正十九年己亥（1359 年）　五十九岁

作《送郑伯钧序》送别，谓："予以岁己丑至京师，旅食鴜吟，盖茕茕垂十载矣。常思吾八郡隶晋永嘉后，士皆中州衣冠之裔，号称海滨邹鲁。……去年秋，同郡生郑伯钧始来见予于京师之胄学。今年夏，授官主闽清簿以归。"（《翠屏集》卷三）

馆阁吟唱，蔚成风气。以宁参与其中，写了不少酬赠之作。作《答张约中见问》，云："衰迟久让祖生鞭，寂寞犹存郑老毡。""多谢故人劳远问，滥竽博士又三年。"对张约中表示感谢，称自己是"滥竽博士又三年"。（《翠屏集》卷二）

作《次韵张祭酒新春诗》，谓"谩倚三年博士席，长怀百岁老人村"。（《翠屏集》卷二）

## 至正二十年庚子（1360 年）　六十岁

二月，作《述善集》赋一首，署"晋安张以宁为唐兀象贤赋"，（《翠屏集》附录）颂唐兀氏创业史。

### 至正二十一年辛丑（1361 年）　六十一岁

《陈汉臣文集序》："初予友其父德初君于三山，汉臣始总角，拜予。……其后，予归三山，汉臣予游滋稔，……今别予寒暑十有三，而汉臣使以诗文凡三帙来京，请予序。"（《翠屏集》卷三）

### 至正二十二年壬寅（1362 年）　六十二岁

作《徐母真氏墓志铭》，徐母"卒于至正壬寅（1362 年）三月某日"，其子孔文"从事闽省，走京师，拜泣乞铭""予太史，可无铭乎？"（《翠屏集》卷四）

### 至正二十三年癸卯（1363 年）　六十三岁

为东阳胡瑜作《胡太常岁月日记序》："第惟自丁卯（1327 年）逮今三十有六年，同年同志凋沦殆尽，予于先生能慨然以感也？而瑜也又能世其文学，将以袭前人之美，予又焉得而已于言也？"（《翠屏集》卷三）

以宁与危素交谊甚笃。是以宁的两朝同事。至元戊寅（1338 年），危素命其斋居之室之曰"说学"，"今廿又五年矣"，那 1363 年，更其名曰"苦学"，"且命晋安张以宁之记"。以宁作《苦学斋记》，赞其"苦学"精神。《明史·文苑传》称"素长于史，以宁长经"。

十一月，翰林待制奉直大夫兼国史编修官晋安张以宁撰《濮阳孝义重建书院疏》。（《翠屏集》附录）

## 至正二十七年丁未（1367 年）　六十七岁

临江郡府治毁于兵燹，刘子升知是府，"鸠工创建""经始于丙午岁（1366 年）某月，落成于丁未（1367 年）某月""恳请余文"。作《临江府管缮记》。（《翠屏集》卷四）

四月，唐兀杨氏象贤将归大名开州之濮阳，与以宁告别，以宁作《送杨象贤归澶渊序》。（《翠屏集》卷三）

《述善集》，由西夏遗民唐兀崇喜（杨崇喜）初编成书，后经不断补充，至 1629 年最终定稿梓行。以宁《述善集序》可能作于丁未（1367 年）。（《翠屏集》卷三）

居燕二十，以宁写了不少酬赠诗。如《送杨士杰学士代祀阙里分题得砚井台》等 25 篇。诗作题材广泛、内容丰富，吟咏的诗相当突出。如培养人才、重视农业、为国出力、国计民生等，始终在张以宁心中占据最重要的位置。表现其为国为民的思想和人道主义情怀。

居燕二十年，思亲念祖诗作如《腊月梦还家侍亲》《次韵感怀清明并自述》等 5 篇，张以宁常借次韵诗抒发思念故乡的深情。

居燕二十年，散文写作有序、记、说等约 36 篇。具体内容归纳为四个方面。

一是为官之道，仁政廉洁的理论"以廉为宝"。要始终铭记并践行儒家礼义廉耻的道德标准，恪守清廉的为官之道，要做出政绩，廉洁自律，"此身元不为轻肥"也。

二是坚持族规、家训的传承，族规、家训即家族内部之敬、孝、德、善等善行一代代地传承下去，而这些乡规家风，都是以儒家思想为准绳的。

三是家谱的修订与作用，张以宁在谱序中相当全面地探讨了族谱问题。家族、家庭是宗法社会的支柱之一。家族、家庭是由个体组成的，他重视个体的道德品格。撰修人物年谱，是为彰显家族中出色成员的功绩。纪其之详，藏已祠堂，传之后世，使之思其居处意志乐嗜，一举足，一出言而不至忽忘焉，孝子之志也。

四是经学与《春秋》，张以宁《经世明道集序》《春秋经说序》认为"'六经'之文"是"焕然天地之"。他继承发扬朱熹思想，推崇孟子、朱子理学文化思想大成，而有所创新。道出《春秋》的写作目的与产生的社会效应。孔子的政治主张寄寓在《春秋》里，以表达其治理天下的法则，而是要见诸行事，突出其实用性、实践性；突出《春秋》的作用，所谓"春秋大义"。

## 元至正二十八年、明洪武元年戊申（1368 年）　六十八岁

闰七月，二十八日，元惠宗逃离京城。

八月初二，明军攻入大都。元覆亡。

朱元璋建都南京，改国号明，改年号洪武。

冬，张以宁与危素、曾坚等一大批元朝故官应召来到南京。

"戊申冬来南京。"（《翠屏集》卷二）"既入国朝，拜翰林侍读学士、朝列大夫、知制诰、兼修国史。每承顾问，多所裨益。

赐诰褒谕，恩赏特厚焉。"（杨荣《张公墓碑》）"国初王师入元都，以宁与危素等以故官来归，奏对称旨，仍以为侍读学士阶朝列大夫知制诰。特被宠遇。"（《四库全书·史部·传记类·总录之属·殿阁词林记》卷四"翰林院侍读学士张以宁"）

## 洪武二年己酉（1369 年）　六十九岁

正月初三，"赐见前殿"，"命为钟山之说"。（《翠屏集》卷三《应制钟山说》）"帝尝登钟山，以宁与朱升、泰裕伯等扈从拥翠亭，给笔札赋诗。"（《明史·列传一七三·文苑一》）以宁撰《应制钟山说》对钟山龙盘虎踞、雄伟瑰奇，竭尽歌颂之能事，且谓："盖创业于此，以乘方来之望气，并建都邑，以开永久之宏规，以承中华之正统，以衍亿载之丕基。伏惟陛下神谋睿算，必有处矣。"

正月，朱元璋赐张以宁翰林学士诰。（《全明文》卷三四）

春，宋濂来到南京，见以宁，"各出所为旧稿，相与剧论。至夜分弗知倦"。以宁说："吾生平甚不服人，观子之文殆将心醉也。""濂与先生剧论时，未尝不抚卷而三叹。""酸咸之嗜，偶与先生同。"（宋濂《翠屏集序》）二人文学主张相同，彼此视为挚友。时人誉为"双星聚会"。

"洪武二年春正月，制以建安儒士吴生允思知广州府属县之南海，谓予同其乡且长也。将辕，请为言。"作《送南海知县吴允思序》。（《翠屏集》卷三）。

五月，安南（今越南）国王陈日煃遣使来朝贡方物，并请明朝给予"封爵"(《太祖高皇帝实录》卷四十三)。朱元璋大喜。六月二十九日,与典簿牛谅奉使安南。中国与安南建立宗藩关系始于北宋。明洪武二年(1369 年),安南陈朝陈日煃"奉表称臣",朱元璋即派张以宁、牛谅赍诏印使安南册封其国王陈日煃。

1369 年初,林弼受征召到金陵进入中书任职。张以宁任翰林侍读学士。二人同属福建人,认识多年常往来。以宁派遣出使安南。林弼作《次张志道学士与龚景瑞诗韵》送别诗。(《翠屏集》附录)

作《南京早发》:"大隐金门三十载,壮怀中夜每闻鸡。今朝一吐虹霓气,万里交州入马蹄。"以宁自注云:"苏志泉云:'丈夫不得为将,得为使,折冲万里外足矣。'"(《翠屏集》卷二)

明太祖对此次出使寄予了殷切的期望,出使前后,朱元璋作诗共十首,并作了序。他写了第一首《以宁初度》诗:"闻说西南瘴似烟,林丛草密有蛇蚖。承差不避言君命,自是前贤忠义传。"(明·万历版《古田县志》)对张以宁安南之行给予了热情的关怀,希望他能不辱使命。

六月二十九日启程出使安南前一天作《晚泊石头城下明旦发龙江》(《翠屏集》卷二),说明已规划好行程路线,出境前的最后一站是龙江,龙江即广西龙州县。

"明年乞身倘得请,将并先生而卜邻焉。"(《翠屏集》卷三)为宋濂作《潜溪集序》,张以宁甚至产生明年请求退休,到金华与宋濂做邻居的念头。

七月二十四日,到达江西泰和,作《予己丑夏辞家客燕二十年江南风景往往画中见之戊申冬来南京今年六月二十九日奉旨使安南长途秋热年衰神惫气郁不舒舟抵太和舟中睡起烟雨空蒙秋意满江宛然画中所见埃嗑为之一空漫成二绝以志之时己酉七月二十四日也》（《翠屏集》卷二）从诗题中，说明以宁至正九年己丑（1349 年），夏，辞家居燕为官二十年中，"江南风景往往画中见"，从 1349 年至 1369 年，时达二十年都未回古田。

作《舟中睹物忆亡儿烜》四首（《翠屏集》卷二），怀念亡儿烜。长子烜能诗，父子多有唱和。是诗人的最爱，并对他寄予厚望。令其痛心的是，以宁出使安南途中，张烜英年早逝。睹物伤怀，触景生情，暮年丧子，令他老泪纵横，受到沉重打击，引发他对人生价值进行深刻反思。

七月二十七日，到万安，作《二十七日晚到万安县县令冯仲文来问劳翌日登岸观故宋贾相秋壑所居故址左城隍祠右社稷坛中为龙溪书院其后二乔木郁然云贾相生于此书院旧甚盛田多于邑学今归之官独旧屋前后二间中存先圣燕居像左四公木主徘徊久之当宋季年君臣将相皆非气运方兴者敌襄樊无策可救江左人材眇然无可为者譬之弈者不胜其偶无局不败是时有识者为崔菊坡叶西麓无已则为文山李肯斋可也而痴顽已甚贪冒富贵国亡家丧为千载骂笑而刻舟求剑者乃区区议其琐琐之陈迹悲夫因赋二绝如罪其羁留信使之类皆欲加之罪之辞也》。（《翠屏集》卷二）从长长的诗题可窥见以宁之历史观。

过江西赣州郁孤台，作《予少年磊隗负气诵稼轩辛先生郁孤台旧赋菩萨蛮尝慨然流涕岁庚辰过铅山先生神道前有诗云云见南归纪行稿后赣州黄教授请赋郁孤台诗复作近体八句亡其归稿因念功名制于数定材杰例与时乖自昔不遇若先生者盖亦多矣然犹惜其未能知时审已恬于静退几以斜阳烟柳之词陷于种豆南山之祸今二十九年矣舟过是台细雨闭蓬静坐忽忆旧诗因录于此见百念灰冷衰老甚矣云》（《翠屏集》卷二）。诗题赞叹辛弃疾爱国精神。全诗立意高远，情感深挚。

离开赣州后，到达南康，作《夜闻雨》《南康驿丞王珪文尝逮事故郎中颜希古求请为走笔书一绝》（《翠屏集》卷二）。

翻越大庾岭走梅关古道，到广东南雄，作《南雄即事次牛士良韵》。

参拜唐朝名相张九龄祠，作《张文献祠》："儿时长诵八哀诗，遗诰相传自昔时。空料白头祠下拜，曲江烟雨读唐碑"（《翠屏集》卷二）。张九龄，谥号文献，唐玄宗时著名宰相、诗人。其祠始建于曲江。张以宁出使安南路过此地，七十老翁发如雪，雨中下拜，读唐碑，可见诗人对先祖的崇拜。

八月十五日，到韶关，作《晚到韶关》《帝舜庙》《平圃驿中秋玩月用牛士良韵》（《翠屏集》卷二）。

从广州沿西江到达广西梧州，一路舟行无悬念，在广东境内诗兴大作，咏景、怀古、会友、题图，写下了《峡山寺僧慧遇溪邀观壁间旧题因诵宋廖知县一律有云猿弃玉环归后洞犀拖金锁占前湾予谓其切实类唐许浑赋以继之》《广州赠同时敏》《再次韵答是日微雨大风》《广州赠温陵龚景清乡人》《题知印赵希贡沧江渔隐图》（《翠屏集》卷二）；《跋广州守徐焕炳文坚白斋记后》（《翠屏集》卷四）；
《代简周干臣广东参政》（《翠屏集》卷二）；《别广东周参政干臣》
《题画马》（《翠屏集》卷一）；《发广州》《牛士良惠诗既倚歌
以和仍赋长句一篇以答之》《封川县次韵典簿牛士良》（《翠屏集》
卷二）；"记取今年重九日，封川水驿挂帆过。秋风岭外黄花少，
暮雨尊前白发多。起接野僧谈梵典，卧听溪子和蛮歌。少游款段成
何事，至竟男儿是伏波。"封川县即今封开县。

　　进入广西，作《梧州即景》（《翠屏集》卷二）。梧州沿江南
下贵港、横县折西进入邕江到达南宁。

　　十月初五，在南宁作《送南宁摄守焦侯序》、《立冬舟中即事》（二
首）、《乌岩滩马伏波祠》（《翠屏集》卷二）；《次韵士良子毅
登雷破岩刘大王庙唱酬》《有竹诗为张伯起子玄略作》《别胡长之》
（《翠屏集》卷一）。

　　到达龙州，作《龙州答迎接官何符》（《翠屏集》卷二）；《雪
崖说》《讷庵记》《知愚斋记》（《翠屏集》卷四）。

　　《安南使者同时敏大夫登舟相访献诗述怀一首就坐笔次韵答之
以纪一时盛云》，"……词臣垂老斯游壮，风送龙江万里舟"（《翠
屏集》卷二）。诗中宣示明朝"天威"，嘱托同时敏勿忘外交任务，
可见张以宁与安南使者交往中，仍着眼于两国的友好关系，也表达
诗人完成使命的决心与关切，充满了自信与豪迈。

　　在龙江获悉安南王陈日煃已卒，派牛谅、子毅到交州，查明属
实后继续南行。

抵达安南作《安南使令头翰林校书阮法献诗四绝次韵答之》："十行天诏出江关，百尺云帆下碧湾。""十月南方暑气微，洱河驿外叶初飞。遥知夹岸人争看，入贡中朝使者归。""四十余年金榜客，玉堂人诧笔如飞。君王亲重儒臣选，肯受南方一物归。"（《翠屏集》卷二）诗中表明一行使者十人，十月到达安南，海门镇万人夹道欢迎。安南国官员上门送礼问安，但张以宁注重名节，珍惜君王信任，坚守清廉本色，拒绝接送礼物，履行好外交大使的本职工作。

回朝复命。作"甫抵境，而日焜卒，国人乞以印授其子，以宁不听，留居洱江上，谕世子告哀于朝，且请袭爵"（《明史·张以宁传》）。

作《广东省郎观子毅翩翩佳公子也读书能诗甚闲于礼以省命辅予安南之行雅相敬礼予暂留龙江君与士良典簿先造其国正辞严色大张吾军今子毅北辙，而予南辕家贫旅久复送将归深有不释然者口占绝句四首以赠诗不暇工情见乎辞云尔》《情事未申视息宇内勧劳之旦哀痛伤倍悲歌以继恸哭所谓情见乎辞云尔呈阁初阳天使牛士良典簿》，以宁自注云："老亲未即土，二寡妇携幼儿在闽，十口在金陵，皆贫困。一子与妇在松江，与安南为四处，何以堪境也！"（《翠屏集》卷二）派牛谅、子毅等北上，回南京呈奏明太祖，请命于朝。张以宁留滞安南等候。

作《予使事留滞安南安南人费安朗以隐宫给事其国亲贵近臣家老而弥谨预于馆人之役朝夕奉事甚勤拜求作诗恳至再四口占二绝予之一以志予念乡之感一以对景自释焉》《代简广西参政刘允中》《广州省治南汉主刘银故宫铁铸四柱犹存周览叹息之余夜泊三江口梦中

作一词觉而忘之但记二句云千古兴亡多少恨总付潮回去因檃栝为明月生南浦一阕云》。（《翠屏集》卷二）

## 洪武三年庚戌（1370 年）　七十岁

留滞安南期间，撰"《春秋春王正月考》三月初三，自序之"。（《古今图书集成·理学汇编·经籍典》卷一七一）安南青年阮太冲、阮廷玠"楷法遒美"，为以宁抄写《春秋春王正月考》。

《赠安南善书阮生生名太冲为予书春秋春王正月考及安南行稿予喜其楷法遒美更其字曰用和而诗以赠之》《赠安南善书阮生生名廷玠为予书春秋春王正月考及安南行稿予喜其楷法遒美更其字曰宝善而诗以赠之》（《翠屏集》卷一）以宁分别赋诗表感谢与鼓励。

其间，以宁惜时如金，传承中华文化的责任感驱使他不顾老迈病弱之躯，毅然编撰完成了经学论文稿，共二万多字的《春秋春王正月考》，为明经定周正朔起了一锤定音的作用。《四库全书》总纂官纪晓岚评价"决数百载疑案"。（《四库全书总目·经部·春秋类》）

牛谅与安南使臣一行到达南京，将张以宁的书信呈奏太祖。太祖"再三览之，喜不自胜"。对张以宁出使而知权变，不辱使命，甚为欣赏，序文中赞赏：用四个"我以宁"感慨式总结评价"抱忠贞之气，奋守节之刚，非生性之自然，历练老臣，愚夫猛士可乎？使之善者，以宁也。专述其事耳"（明·万历版《古田县志》），足见太祖对张以宁才识和能力的赞赏。

四月十五日，朱元璋派林弼、王廉往安南吊祭陈日煃，其后，安国完成封其国王之礼仪。"且教其世子服三年丧，并令其国人效中国行顿首、稽首礼。朝廷嘉之，赐以敕书，比之陆贾、马援，并御制诗八篇奖谕之。"（杨荣《张公墓碑》）

五月初四，以宁病逝于交州临清驿馆，以身殉国事。临终作《自挽》诗："一世穷愁老翰林，南归旅榇越山岑。覆身粗有黔娄被，垂橐都无陆贾金。稚子啼饥忧未艾，慈亲藁葬痛尤深。经过相识如相问，莫忘徐君挂剑心。"（《翠屏集》卷二）可见其一生清贫，两袖清风的崇高品质。

"高皇帝喜先生得使臣体。归途疾作自挽诗，其易箦时手书也。先生有五子，……其择榇还里者，为公之孙坦。"（《玉因识略》卷五·明杨德周·张学士翠屏墓按语）

"讣闻敕礼部遣官为其枢，所过有司设祭，仍给在任三岁禄，以赡其家，以某年某月某日葬邑之极乐山。"（杨荣《张公墓碑》）

所著诗文，有《翠屏稿》《淮南稿》《南归纪行》《安南纪行集》《春秋春王正月考》。今存《翠屏集》《春秋春王正月考》《春秋春王正月考辨疑》。初步统计，现存诗385首，词2首，赋1篇，联1副，文100篇。

五月十三日，牛谅（士良）作《五月十三夜梦侍读先生枕上成诗》悼之。

蓝智作《闻张志道学士旅榇自安南回》，云："两朝翰苑擅挥毫，白发萧萧撰述劳。使出海南金印重，文成天上玉楼高。"（《翠屏集》

附录）（蓝智《蓝涧集》）

七月初一，张炬（以宁五子）和门生石光霁持《翠屏稿》，请翰林学士宋濂作《翠屏集序》。（《翠屏集》卷首）

### 洪武二十二年己巳（1389 年）

"予也重先生之学，嘉仲濂之义。""……二月，后学长沙陈南宾执笔谨书《翠屏集序》。"（《翠屏集》卷首）

### 洪武二十三年庚午（1390 年）

二月，"次弟刊行，非止是而已也。国子监博士淮南石光霁拜谨书"。（《翠屏集》卷二末后序）

### 洪武二十四年辛未（1391 年）

"先生之孙坦寄至遗稿一编，但所书或失其真，不敢妄意填补。……刊为《翠屏诗后集》，余图以为《别集》云。是年冬月既望，门人石光霁再拜谨书。"［《志书》《翠屏集》中国国家图书馆（刘畅）］

### 洪武二十七年甲戌（1394 年）

"春，其子炬以岁贡上庠"，携诗若文全集，"炬以其子而不靳其父之文，贤于扬宣远矣"。是年六月，翰林学士刘三吾作《翠屏集序》。十月门人石光霁再拜手谨书，作《翠屏集》卷四末后序。张炬携一部"诗文全集"，石光霁核对校勘后刊行为《翠屏集》。

### 宣德元年（1426 年）

以宁嫡孙（张煜之子）张隆写《春秋春王正月考跋》。（《翠屏集》附录）

张隆梓行《春秋春王正月考》二卷；后请翰林学士、政治家、内阁首辅杨荣为其祖父撰墓志铭《故翰林学士朝列大夫张公墓碑》。

### 宣德（1426—1435 年）

明初政治家、户部尚书兼武英殿大学士，内阁首辅黄淮撰《翠屏集序》。（《玉田识略》卷五张学士翠屏墓按语）

黄淮、杨荣均为明初同朝辅政大人物，为之写一序一铭，实属张氏殊荣。

### 宣德三年戊申（1428 年）

张隆，《安南纪行集稿》续版行世，请陈琏作《翠屏集序》。是年《翠屏集》初刻，今存诗一卷（卷二）。裔孙张隆对此前刊行其祖父"诗文集"进行汇总和补充，刻印《翠屏集》。该本《翠屏集》含：文则孟晦汇次，诗则其门人国子博士石仲濂编次，张隆家藏的一部《使安南稿》，全书共四卷。是为宣德三年本《翠屏集》。应是明代的第一部各体诗文兼备的张以宁别集，具有重要价值。可惜宣德本今仅余残卷，无法了解其全貌。

### 成化十六年庚子（1480 年）

张淮，以宁玄孙（张鋹次子），德庆州儒学训导，捐俸《翠屏集》次刻，今存完帙。成化十六年（1480 年）本《翠屏集》后，附有《张氏至宝集挽诗》。

### 弘治元年戊申（1488 年）

《翠屏集》四卷、《张氏至宝集挽诗》，两书集合而成，线装。明张瑄辑。一直单独流传。天一阁曾收藏该书，今上海图书馆也有藏本（索书号802214）。（《书志》刘畅、《翠屏集》中国国家图书馆11217·国家珍贵古籍名录09032）

《翠屏张先生文集后序》。"德庆州学训导张淮氏以其高大父翠屏先生文集一帙"。"……翠屏之文，德以实之，功以翊之，其见重于天下后世也固宜。或曰，子之言然。遂书于卷末。赐进士奉政大夫敕提督学校广东等处提刑按察司佥事清源赵瑶识。"（《张氏至宝集挽诗》）

### 万历三十年壬寅（1602 年）

万历三十年壬寅（1602 年），县令王继祀复建"乡贤祠。追祀自宋至今有德业闻望于乡者凡二十一位……宋国子监书库官蒙泉张先生讳疆，……明朝列大夫翰林院侍读学士知制诰兼修国史翠屏张先生讳以宁，……明钱塘县知县石屏张先生讳文造。"（明·万历版《古田县志》）万历二十七年己亥（1599 年），县令刘日旸，以世之先后为序；仍以清出郑弘卿、高国香等隐田共三十九亩，岁征租银以充春秋祭典。

### 崇祯五年壬申（1632 年）

德周曰："先生封安南王，至其国，王已。国人请授封王子，先生曰：（子国有新来事，非使者得专遣副使入奏）生生留安南待报。高皇帝喜先生得使臣体。归途疾作，自挽诗其易箦时手书也。……其护梓还里者，为公之孙垣。……岁壬申，余过拜公墓道，其后人以此卷为献。……试阅余语，斯卷当为张氏子孙世有之也。因列其世系。并识卷末。"（《玉田识略》卷三张学士翠屏墓按语）明崇祯五年壬申（1632 年），古田县县令杨德周，在古田县城安马亭祭拜张以宁墓陵撰"张学士翠屏墓按语，附录于此诗集的末页。是张氏子孙传世之卷，为让其世代相传"。

### 康熙十六年丁巳（1677 年）

《春秋春王正月考》再刻。

### 乾隆三十九年甲午（1774 年）

"古田县县令万友正在拜谒张以宁墓时，访及张氏后人，后，命丁氏将残版献出。又从任大冶令的林国梁家得到他家所抄的《翠屏集》残本，与丁家氏所藏的残版的内容正好相符。于是，万友正集县学里的诸生缮校抄录以成全璧，献给《四库全书》馆。"（民国版《古田县志》卷之三十三循更传第 577—588 页）。

## 乾隆四十二年丁酉（1777 年）

《四库全书·经部·春秋类》收《春秋春王正月考》二卷。

## 乾隆五十三年戊申（1788 年）

《四库全书·集部·别集类》收《翠屏集》四卷。

《古田县志》（明·万历版、清·乾隆版）：古田县"玉堂金马坊"，洪武初，为张以宁建，牌坊在县治一保，旧名"云津"。弘治六年癸丑（1493 年），知县屠容重修。崇祯五年壬申（1632 年），毁。十三年庚辰（1640 年），知县郭维藩重建。又，三保下马亭街曾建"张学士坊"，后圮。在一保，有翠屏书院，祀学士张以宁。两廊书舍，给诸生讲读。（1958 年国家建古田溪水电站水库均淹没）

2012 年，古田县政协为挖掘张以宁文化，6 月 26 日，成立了古田县张以宁文化研究会。从文渊阁《四库全书》中影印了《翠屏集》。同时，福建师大游友基教授同样根据《四库全书》版本，以横排版简化字加标点编印了《翠屏集》，还补充了一部分张以宁的佚诗佚文，以及张以宁有关的史料，是《翠屏集》的现代版了。

2013 年 5 月，研究会编印了《翠屏山人张以宁》连环画并出版发行。6 月，编印了《张以宁乡情诗注析》出版发行。

2017 年 8 月，游友基撰写的《张以宁论》出版发行。

# 主要参考文献

［明］张以宁：《翠屏集》（影印本文渊阁《四库全书》集部一六五，第一二二六册），台湾商务印书馆 1986 年版。

［明］张以宁：《春秋春王正月考》（影印本文渊阁《四库全书》经部一五九，春秋类第一六五册），台湾商务印书馆 1986 年版。

游友基：《张以宁论》，海峡出版发行集团海峡书局 2017 年8 月版。

陈丽华：《文献之邦　人间乐国——从张以宁四则诗序看元末泉州社会风貌》，《闽江学院学报》2019 第 6 期。

江山：《张以宁乡情诗注析》鹭江出版社 2013 年 6 月版。

左东岭：《行道与守道：元至明初文人人生模式的生成与转换》，《文史哲》2020 年第 2 期。

余养仲：《张以宁文化学术研讨会论文集》之《乡情友情山水情情深韵雅意境美》，古田县张以宁文化研究会汇编。

刘永嘉：《家有半碗粮　不当孩子王——元代国子监的职官和教师们》，《北京青年报》，2022 年 9 月 12 日。

钱本鑫：《张以宁文化（第四辑）》之《一路舟行一路诗》，

古田县张以宁文化研究会汇编。

游友基整理、编辑：《翠屏集》，鹭江出版社 2012 年版。

江山编著：《张以宁乡情诗注析》，鹭江出版社 2013 年版。

吴谨（文），朱大鹏（图）：《翠屏山人张以宁》，福建美术出版社 2013 年版。

［明］张以宁撰：《翠屏集》四卷，明成化十六年（1480 年）张淮刻本。

［明］张瑄辑：《张氏至宝集挽诗》一卷，明弘治元年（1488 年）刻本。

万友正：《补刊翠屏张先生文集序》，国家图书馆藏《万端友先生虚舫剩集》，1942 年铅印本。

刘畅：《书志》《翠屏集》，国家珍贵古籍名录 09032。

［明］刘曰旸总修，中共古田县委党史和地方志研究室整理：［明］万历版《古田县志》，海峡出版发行集团海峡书局 2023 年版。

［清］辛竟可总修，中共古田县委党史和地方志研究室整理：［清］乾隆版《古田县志》，海峡出版发行集团海峡书局 2023 年版。

［明］杨德周纂修，游友基点校：［明］崇祯七年《玉田识略》，华侨出版社 2022 年版。《玉田识略》卷五张学士翠屏墓，杨德周按语。

张则建主编：福建古田县《东塔张氏族谱》，2017 年 12 月。

# 张以宁宗脉简图

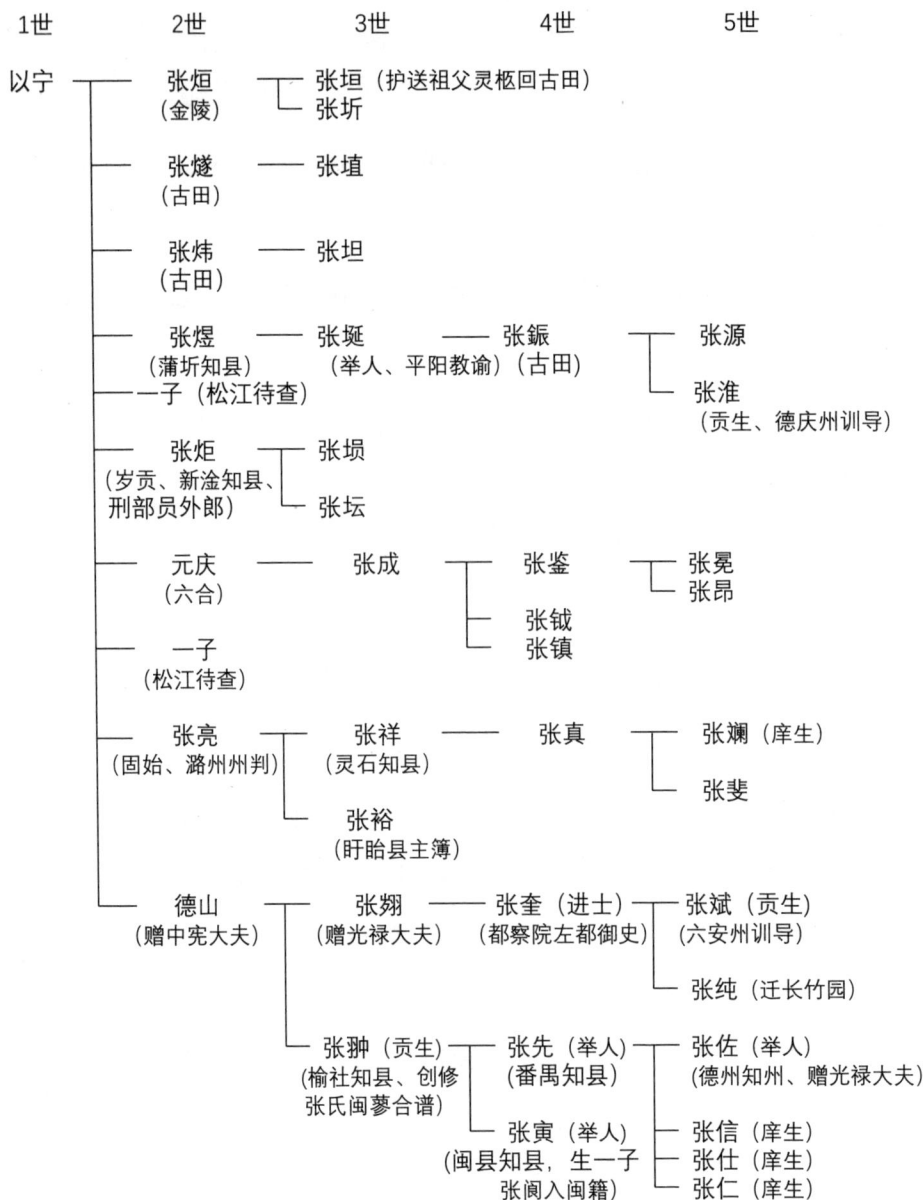

| 1世 | 2世 | 3世 | 4世 | 5世 |
|---|---|---|---|---|

以宁

张烜（金陵）
— 张垣（护送祖父灵柩回古田）
— 张圻

张燧（古田）
— 张埴

张炜（古田）
— 张坦

张煜（蒲圻知县）
— 张埏（举人、平阳教谕）
— 张鋠（古田）
— 张源
— 张淮（贡生、德庆州训导）

一子（松江待查）

张炬（岁贡、新淦知县、刑部员外郎）
— 张埙
— 张坛

元庆（六合）
— 张成
— 张鉴
— 张冕
— 张昂
— 张钺
— 张镇

一子（松江待查）

张亮（固始、潞州州判）
— 张祥（灵石知县）
— 张真
— 张澜（庠生）
— 张斐
— 张裕（盱眙县主簿）

德山（赠中宪大夫）
— 张翔（赠光禄大夫）
— 张奎（进士）（都察院左都御史）
— 张斌（贡生）（六安州训导）
— 张纯（迁长竹园）
— 张翀（贡生）（榆社知县、创修张氏闽蓼合谱）
— 张先（举人）（番禺知县）
— 张佐（举人）（德州知州、赠光禄大夫）
— 张寅（举人）（闽县知县，生一子张阆入闽籍）
— 张信（庠生）
— 张仕（庠生）
— 张仁（庠生）

# 张以宁宗脉世系（略）

　　一世　张以宁（1301—1370），福建古田县人，是元末明初著名的诗人、文学家和经学家。元泰定四年丁卯（1327 年）进士。曾任黄岩州判官，真州六合县县尹。旋以丁内艰去官，服阙，留滞江淮十年，以授馆为生。至正中，征为国子助教，累官至翰林侍讲学士、中奉大夫、知制诰、兼修国史。居燕二十载，潜心研学、创作诗文。入明，拜翰林侍读学士、朝列大夫、知制诰、兼修国史。洪武二年己酉（1369 年）夏六月奉诏出使安南，返，卒于途中，敕归葬。葬于古田安马亭。有《翠屏集》《春秋春王正月考》行世。以宁为汉留侯张良第四十五世孙；唐入闽张睦第十二世孙；宋入古田旧城东塔张氏始祖张敏道第六世孙；张世延曾孙；元赠礼部尚书张留孙之孙；元赠中奉大夫，福建、江西行省参知政事张一清之子。妻太原宋氏，生四子：张烜、张燧、张炜、张煜。妾大名宋氏，生子张炬。又娶包氏生一子在松江（待述）。续弦六合县林氏生一子元庆。再配固始吴氏生二子：张亮、德山。

　　二世　张烜，以宁长子，才华横溢，至元六年庚辰（1340 年）与父南归闽，一路上，父子二人唱和不息，相互赠答之诗六首之多。

姚氏生二子：张垣、张圻（居金陵）。

三世　张垣，张烜长子，洪武三年（1370 年），赴安南国护榇（祖父以宁）归古田。妻、子后裔在金陵（待述）。

三世　张圻，张烜次子，后裔在金陵（待述）。

二世　张燧，以宁次子，早逝，姚氏生一子张埴，后裔在古田。

三世　张埴，张燧之子，后裔在古田。

二世　张炜，以宁三子，早逝，姚氏生一子张坦，后裔在古田。

二世　张煜，以宁四子，洪武年间（贡生）以明经举任湖广蒲圻（今湖北咸宁赤壁市）知县，姚氏生一子埏。宅居古田东塔列载县志。

三世　张埏，煜之子，字仲裁，后更名隆，永乐十二年甲午岁（1414 年）登何掠榜举人，任南雄保昌（今广东韶关南雄市）儒学训导，永乐年间，请翰林学士杨荣为祖父以宁公撰墓志铭《故翰林学士朝列大夫张公墓碑》，宣德元年丙子（1426 年）梓行《春秋春王正月考》二卷，宣德三年戊申（1428 年）五月《安南纪行》稿续版行世，请掌国子监事嘉议大夫通政使陈琏撰《翠屏集》序，是年《翠屏集》初刻，今存诗一卷（卷二）。后于宣德七年（1432 年）任平阳教谕，宣德八年（1433 年）殁于任上。姚氏生一子张鋠。

四世　张鋠，张埏之子，居古田，姚氏生二子：张源、张淮。

五世　张源，张鋠长子。

五世　张淮，张鋠次子，成化年间贡生，任德庆州（今广东德庆县）儒学训导，成化十六年庚子（1480 年）《翠屏集》次刻，今存完帙。

二世　张炬，字孟晦，以宁五子，岁贡，以茂才荐任新淦（今江西新干县）知县，官至刑部员外郎，并著政绩。洪武三年（1370年）七月初一，持《翠屏稿》请翰林学士宋濂撰《翠屏集》序；洪武二十七年甲戌（1394年）六月，请翰林学士刘三吾撰《翠屏集》序。姒氏生二子：张埙、张坛。

三世　张埙，张炬长子（待述）。

三世　张坛，张炬次子（待述）。

二世　六合包氏生一子，以宁六子与妇在松江（待述）。

二世　元庆，以宁七子居六合，生于至正元年辛巳（1341年），姒氏生一子张成。

三世　张成，元庆之子，生于洪武五年壬子（1372年），姒氏生三子：张鉴、张钺、张镇。

四世　张鉴，张成长子，生于永乐二年甲申（1404年），姒氏生二子：张冕、张昂。

五世　张冕，张鉴长子，生于宣德五年庚戌（1430年）。

五世　张昂，张鉴次子，字时举，生于正统元年丙辰（1436年），诗文古雅。诗三首收入顺治版《六合县志》，姒氏生一子谟。

二世　张亮，以宁八子，字秀生，号毓山，榜名谅明，明永乐十八年庚子（1420年）科举人，任潞州（今山西长治市）州判官，授奉政大夫。妻周氏，封宜人生二子：张祥、张裕。墓葬固始邑南三里堂茔。

三世　张祥，张亮长子，字景岐，贡生，灵石县（今山西晋中市）知县，授承德郎。妻李氏生一子张真。

四世　张真，张祥之子，字厚夫，娶王氏生二子：张斓、张斐。

五世　张斓，张真长子，字采生，邑庠生，妻胡氏生二子：张诩、张護。

三世　张裕，张亮次子，字昆载，庠生，盱眙县主簿授登仕郎，卒葬邑南三里堂茔。妻郑氏无出。

二世　德山，以宁九子，字仙岩，明赠中宪大夫，妻赵氏，封太恭人，生二子：张翙、张翀。

三世　张翙，德山长子，字凤翼，庠生，封中宪大夫，赠光禄大夫，葬邑南三里新茔。妻朱氏，封太恭人，赠太夫人，生一子张奎。

四世　张奎，翙之子，字紫垣，明正统九年甲子（1444年）举人，正统十三年戊辰（1448年）进士，任河北东光县知县，山东道监察御史，礼部祠祭司郎中都察院左都御史，授光禄大夫。卒葬邑南三里新茔。妻倪、汪氏生二子：张斌、张纯。

五世　张斌，张奎长子，字兼才，贡生，任安徽六安州训导，授修职郎。卒葬邑南三里新茔。妻徐氏生一子张谦。

五世　张纯，张奎次子，居固始邑南长竹园为商籍。

三世　张翀，字鹏南，德山次子，贡生，任山西榆社县知县，授承德郎，创修张氏闽蓼合谱。卒葬邑南棋盘茔。妻饶氏生二子：张先、张寅。

四世　张先，张翀长子，字捷明，明宣德元年丙午（1426年）

举人，任广东番禺县知县，授承德郎。卒葬邑南棋盘茔。妻易氏生四子：张佐、张信、张仕、张仁。

五世　张佐，张先长子，字辅卿，明天顺三年己卯（1459 年）科举人，任江苏如皋县教谕，后任河北完县知县，山东德州知州，授奉政大夫，诰封光禄大夫。妻饶氏赠太夫人，生一子张英。

五世　张信，张先次子，字君实，庠生，妻吴氏生一子张谌。

五世　张仕，张先三子，字学馀，庠生，妻周氏生一子张詹。

五世　张仁，张先四子，字性核，庠生，妻朱氏生一子张罄。

四世　张寅，张䴔次子，字清臣，明宣德十年乙卯（1435 年）科举人，任闽县知县，授承德郎。卒于官署。妻吴氏（早逝），续弦陈氏生一子阆。子依外家遂入闽籍。

# 后　记

2012 年，古田县成立张以宁文化研究会，其后影印《翠屏集》分发给地方文化研究者、爱好者等进行研究和宣传。研究会经常开展学术交流活动，并将张以宁文化研究成果汇编成册，目前已发行五期。同时，在游友基教授及江山、吴谨等地方文史专家努力下，一批成果相继问世，如《张以宁论》《张以宁乡情诗注析》《张以宁》（图文版）等出版，此举有力推动这项工作。

古田县委领导始终关心地方文化建设与乡土文化挖掘。

2021 年以来，多次调研张以宁文化，并提出很好的意见、建议。2022 年 10 月，在了解张以宁研究会工作后，县委主要领导要求研究会应立即着手组织编撰《张以宁传》，以进一步弘扬优秀传统文化，加大地方文化影响力。 我于 2013 年负责古田社会科学宣传普及工作，因工作关系对张以宁文化了解逐步加深。2020 年初以来，便开始深入研读张以宁《翠屏集》，并在网络上发表 45 篇研究和宣传张以宁的文章。2022 年 10 月，笔者承接《张以宁传》写作任务，诚惶诚恐，只好全力以赴。本书共分五章，正文由本人撰写，《张以宁的翠屏集》由江山撰写，《张以宁年表》由张则建撰写。

本书写作历时两年，其间得到不少领导、专家学者和张以宁研究会同志支持。古田县委宣传部始终关心本书出版工作。研究会多次组织召开评审会，福建省文史研究馆原馆长卢美松、福建师范大学游友基教授、福建师范大学林志强教授、厦门大学宋雷鸣副教授、福州市政协文史编辑陈常飞等对传记写作进行指导。古田县慈善总会资助本书出版、县文联主席张敏熙、研究会会长张则建、秘书长钱本鑫，以及江山、吴谨、施仁港、欧阳谨、余养森、程灵章等人也提供帮助与指导。在本书出版之际，向所有为本书付出心力者，谨致谢忱。

张以宁品格、精神给后人以榜样力量，值得我们不断地学习和传承。每位历史人物都是一个复杂的多面体，需要从不同的角度去观察和理解。因本人水平所限，疏漏之处在所难免，敬请读者教正。

郭祥回

2024 年 9 月 15 日